ヨーロッパの出現

樺山紘一

講談社学術文

目次

ヨーロッパの出現

ヨーロッパの出現

はじめに

南は青い地中海、西は広大な波うつ大西洋、北は北極星かがやく冷たい大地、東は限りなくつづく草原。これらにかこまれて、ヨーロッパの国ぐにがある。ゆたかな麦畑と牧場、頑《がん》丈《じょう》なかまえをみせる都市と建物、産業と生活のきらめくような栄華。いま、ヨーロッパは世界でもっとも密度のたかい文明をいとなんでいる。だが、当然のことながら、ヨーロッパとても、はじめからそのような形姿をあらわしていたわけではない。何百年、いや何千年の時間の歩みのなかで、自然をつくりかえ、社会と生活をうみだしてきた。本書では、その気の遠くなるような歩みをたどる。

ユーラシア大陸のなかでは、ヨーロッパ文明はかなりな後発者であった。オリエントや中国やインドの古代文明にはるかに遅れて、歴史のなかに登場する。どのようにして、この後進文明は、先進文明にまなび、追いつき、そしてのちにはこれらを追いぬいて、世界史の領導者になっていったのだろうか。そのいきさつを、順序だててつぶさに語るのは、とても一冊の書物の、よくなしうるところではない。ここでは、通常おこなわれているような、通史のかたちを避け、むしろ、歴史を読み解くための立場をはっきりさせ、それに沿ってヨーロッパ史をたどってみたいと考えている。ささやかなりとも、ヨーロッパ理解の更新に資するところがあれば、さいわいである。

その立場について、あらかじめごく概略だけを、掲げておくことにしよう。

第一に、このヨーロッパ史は、その大陸の新石器時代から語りはじめられる。それをになう民族がいずれであれ、ヨーロッパの土地に暮らしその生活体験をたくわえ、継承したものは、みなヨーロッパ人だというべきであろうから。しばしば、ことに当のヨーロッパ人の歴史家たちがおこなうような、オリエント文明やギリシア文明から説きおこすヨーロッパ史は、ここでは斥《しりぞ》けられる。それらの偉大な古代文明は、ヨーロッパ人にとっていとおしいモデルではあろうけれども、ヨーロッパとは異なる文明である。

第二に、歴史の内実をなす人間の営みは、社会組織ばかりではない。国家や生産のありかたは、重要な枠組みではあるけれども、しかし、それらは、より広範な枠組みである「文明」の一環をなしていると、考えられる。文明とは、気候・植生・自然素材など、一言でいえば環境のなかで、つくりだされる。そこで援用される技術や、さらにその技術を組み立てる精神、さらにまた、その結果として造営される社会組織や日常生活、つまり一口でいえば文化。文明とは、環境と文化とがうみだす織物である。ここであつかおうとするものは、かくして「ヨーロッパ文明史」である。文明を有機体とみなし、その生体の誕生と成長と死とを、あたかも人生のごとく説明しようとする、これまでの文明史と、どこが異なるかは、本文がたくみに、語りえているだろうか。

第三に、ヨーロッパとは個々の地域、個々の要素の集合ではあるが、同時に一つの構造、システムとして観察することができる。そのシステムがどのような構成原理を内包しているか。そのことが、ヨーロッパを全体としてとらえるための、不可欠のテーマとなるはずである。各国別の国民史、地域史をこえた全体史が、必要とされよう。

第四に、本書では歴史家がながい間なじんできた歴史時代区分を、採用していない。つまり、古代、中世、近代という三区分法を断念している。その区分法には、それなりの理由があるけれども、不都合もまた、いま目立ってきたようにみえるからである。むろん、これにかえていくつかの時代区分標識を、導入している。さらに、歴史の展開において、明瞭《めいりょう》にあらわれる大きなリズムを、ことのほか強調している。建設と改新、破壊と停滞の交替がヨーロッパ史をリードしていることを、確認したいとねがってのことである。

第五に、ヨーロッパの歴史を、結果のわかった必然的なサクセス・ストーリーとしてではなく、予断の許されぬ事件の連続として描こうとしている。その事件とは、政治的事件ばかりではなく、文明の構造を動かすさまざまな事件のことをさしている。いうならば、ヨーロッパの出現そのものがひとつの事件であるといってもよい。

以上のような、歴史への立場から、ヨーロッパ史を通観したいとかんがえている。その立場は、さしあたりは、私的な主張にすぎないが、現代の歴史学がかかえる問題状況に、きわどいかかわりを求めたつもりではある。

これらのこころみの成否について、読者の冷徹な判断をまちたいとおもう。

第一章　太古の大陸にて

ケルト人の指輪

1 森と石の原景

前八〇〇〇～六〇〇〇頃　旧石器時代が終わり、中石器時代へ
三〇〇〇～二〇〇〇頃　新石器時代へ
一七〇〇～一五〇〇頃　青銅器時代へ

樹木の大海

まるで大海のように森がひろがっている。そこにはブナが、枝をひしめきあわせて、ここにはナラが大枝いっぱいに、青い果実をつけて、風にゆられている。あちらの丘のかなたでは、モミの木が裾《すそ》をひろげて、地面をおおいかくしている。どこまで眼をこらしても、木、樹、林、森……。樹海とひとことでいうが、いや樹木の大洋とでもいうほうがよいだろうか。

海面をゆく航跡のように、川が走る。あまりにしばしば蛇行をくりかえし、支流をあわせ、ときに狭い谷をぬけてゆく。沼地があり、低い草が緑に茂る。まるで大海中の島々のように、ところどころに草地が孤立しているが、あらかたは水っぽい湿地がとなりあっている。

ドイツの森、現代でも森は深い

青紫色の煙が一条たちのぼるのがみえる。人影はみえない。だが、その火は灌木《かんぼく》を焼いているのか、それとも、かまどを温めているのか。

数千年も昔から、森林の大洋は、ヨーロッパの大地を占拠しつづけてきた。まだ、その大陸の高地に氷河がにぶく光り、平地には凍土がへばりついていたころならば、はるかに見晴らしがよかったはずだ。しかし、その氷河が去り、暖気がまわりをつつみはじめてからというもの、森林は勢いをえて、わがもの顔にふるまうようになった。

最初のヨーロッパ人

旧石器時代の長いあいだ、洞窟《どうくつ》で、あるいは崖《がけ》の棚《たな》のうえで、寒気や外敵とたたかっていた人類は、こんどは窒息するような樹木の氾濫《はんらん》とたたかうことになった。それは、いまから一万年ほど前の激動であった。中石器時代といわれる時代の到来と説明されている。

どこからか、どの途《みち》をとおってか、さだかではないが、農耕と牧畜の技が、ヨーロッパの大陸に到来していた。織物や編物など、植物繊維をもちいる手仕事が開始された。原材料はどこにでもたっぷりあった。土器のつぼをたくみにつくる人びとがあらわれた。

ヨーロッパ人の誕生。最初のヨーロッパ人が、森林のなかに、すっくと立っている。どんな系統の人間なのか、どこからやってきたのか。むろん、詳しいことはわからない。ことによると、新人類と称されてながらくヨーロッパの主人格であった、あのクロマニョン人の子孫なのか。それとも、東方または南方から、あらたに移住してきた人びとか。

それらのいずれを主人公とするにしても、たしかなのはつぎのことだ。森の大洋のなかにまよいこみ、森とたたかい、森と生きる人びとの出現。森の地の利をわきまえ、たたかいの武器をととのえ、生きぬく利器をつくりだすものどもの登場。わたしたちは、その人びとを、ヨーロッパ人とよぶ。いや、もうすこし筋道だてていえば、環境としてのヨーロッパをうけとり、その環境のなかでなりたつ文化を考案したものどもを、ヨーロッパ人とよぶ。

この人たちが、どんな民族系統に属し、どの言葉をあやつったか、という設問には、このさいこだわらない。その設問は、はるかのちの十九世紀、巷《ちまた》をにぎわせるようにみえるけれども、いまや二十世紀以降のわたしたちを、あまりひきつけはしないだろう。

最初のヨーロッパ人の出現。やがて、紀元前三千年紀までに、かれらは森の閑地に種をま

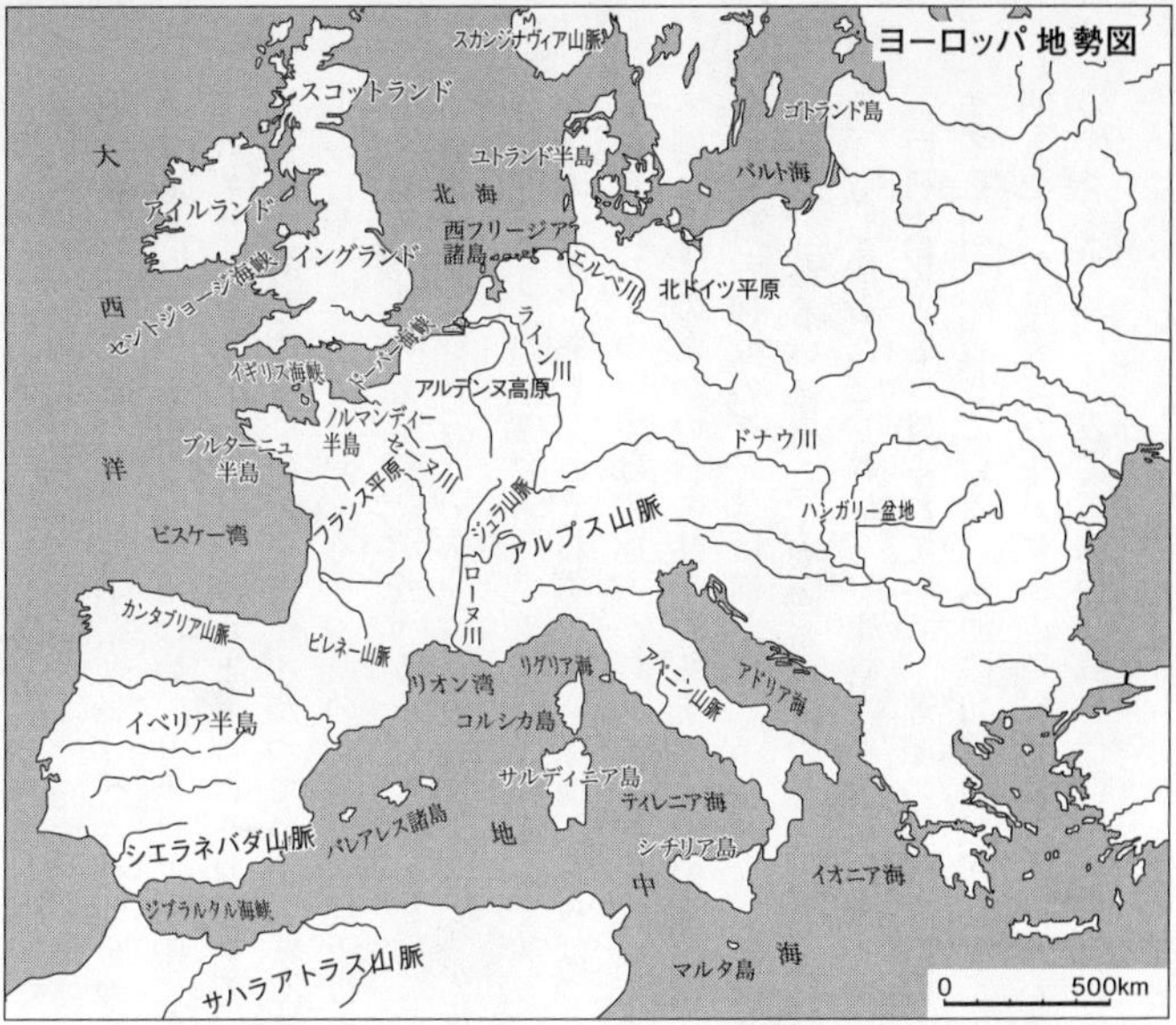

き、家畜をはなって、食をえた。横長の木造バラックに、集団をなして棲《す》まいをかまえた。木片をすりあわせて火をおこした。貝がらに穴をあけて装飾品とし、ときには石を刻んで、人形《ひとがた》をつくり、死者とともに埋葬した。いまや、新石器時代がやってきた。

石の文明

おそらくは、そのころのことであろう。ヨーロッパ人は、石を好みはじめる。石というよりは、巨岩とよんでもよい。大石をならべて、死者をかこみ、これに土を盛りあげる。これは墳墓といえる。まるで石組みの廊下とでもいえる長い列状の石墓もある。いや、地上に露出したまま、石の並木路というべき石列をつくった人びともいる。いったいなにのためであったのか、審《つまび》らかではない。ヨーロッパ中にちらばった石と巌《いわお》の構造物は、いまではそれぞれ、ドルメン、メンヒルと名づけられている。

石は、あちこちに裸のままころがっていた。すぐる氷河時代、ごろごろと転落してきた大小の石が、ひとの意欲をそそったのだろう。地上にならべ、地下にうめこみ、石には原初のヨーロッパ人の想念が、穴をうがつ。

南イングランドのソールズベリ平原のただなかに、いまもストーン・ヘンジが立っている。四〇〇〇年の昔——ことによると五〇〇〇年の昔——これがたてられたとき、平原はまだ森の大洋であり、ごくわずかな空隙地《くうげきち》がちらばっていたことだろう。その地に石のサークルをうめた。ついでは、遠方から何十トンの大石をもってきて、そびえたたせた。さらに、内側に背丈のたかい石のサークルを。しだいに複雑になり、一〇〇〇年ほどののちには、あたかも石の神殿のごとき巨構ができあがった。近辺にいまものこる石墓とおなじ墳墓だともいわれ、あるいはまた、太陽を崇拝し、太陽の運行に範をとった石の天体儀だともいわれる。もし後者だとすれば、ヨーロッパ人は石をもって、宇宙をも想念していたことになる。

巨石文化と名づけられている。運搬の高度な技術をもち、えたいのしれない秩序観念をもって石列を配置している。氷河の名残《なごり》の石がたまたま、そこにあったからだろうか。そう説明したのでは、まだ平凡にすぎる。石はヨーロッパ人の分身である。石をもって地下に死者の館《やかた》をきずき、地表に意味の空間を仕切り、天上の秩序を再現する。おもえばかれらは、さ

ストーン・ヘンジ

らに一万年をこえる昔、巨岩がかさなり割れ目をつくった、あの洞窟のなかに棲まっていた。暗い迷路の洞《ほら》のなかに、目にもあでやかな絵画をえがき、身の安全を託していた。巨岩の洞はひさしくヨーロッパ人の記憶の深奥に、とりついていたことであろう。

洞窟、あえてメタフィジックにいえば、それは人間生命の源郷。母の洞窟から誕生する人間は、現世という洞の迷路をぬけて、やがては冥界《めいかい》の洞窟へとおちてゆくことであろう。肉体は、腸や血管という細長い洞を内部にかかえもつからこそ、洞窟のなかでほっと安らぎを感ずるのかもしれない。

巨石文化は再現された過去の洞窟である。いまだ聖なるものへの明確な感情に支配されてはいないヨーロッパ人は、しかしすでに巨石のうちに、人間存在と世界の神秘をよみとっていた。巨石構造物が、芸術なのか道具なのか、信仰なのか遊戯なのか、論はわかれているが、じつはそれらすべてをもふくんで、人間と世界の秘法だったと、言っておこう。

森林と巨石

森林という環境と巨石の秘法。それこそが最初のヨーロッパ人がいきる世界であった。はなはだしく未開な生活をいとなんではいても、ヨーロッパ人はみずからの世界を手にしていた。森林の幽邃《ゆうすい》と巨石の荘厳のなかに、人間の主体と客体とが活力をみいだし、かれらはいずれ三〇〇〇年あまりののちに、全地上に命令するはずのあのヨーロッパ文明をきずくべく、出発したのだった。

むろん、森林はその三〇〇〇年ののち伐《き》られ、巨石はただの廃墟となるはずである。だが、外見からうしなわれた森林は、ひとの心のなかにあらたな森林を造成し、不可知な暗部を心の無意識のなかに拡げてゆくことだろう。二十世紀の精神分析家たちが、心の聖域とよぶのは、よみがえったヨーロッパの、内なる森林である。

巨石の洞窟。たしかにいま、ヨーロッパ人は都市という名の構造物として、みごとに再現した。そそりたつ摩天楼、コンクリートのビルの長い列、都市をかこむ城砦《じょうさい》、そして、高速道路と地下鉄の迷路。石の秘法はいま、都市という魔性としてよみがえっている。ニューヨークは、つくりかえられたストーン・ヘンジだと言ってよい。

ニューヨークの摩天楼

いま、ヨーロッパ文明の名でよばれているものは、おそらくは、かつて最初のヨーロッパ人が森林と巨石にたちむかって、自己を表現した、あの営みの後継者である。このように言いきることが、従来のヨーロッパ観にたいして、いかに危険にみちた異議をとなえることになるか、それは、おいおい明らかになるはずである。ともかくも、理屈をならべるのはこれぐらいにして、森林と巨石の大陸のうえに、降りたって眺望してみよう。ときは、おそらく紀元前五〇〇〇年ころ。ふかい森のかなたから、雄叫《おたけ》びがきこえてくる。その名をはじめて明瞭によびうる、一群の人びとの声だ。その名は、ケルト人。

2　ケルト人の雄姿

前八〇〇頃　鉄器時代へ。ハルシュタット文化の成立
四五〇頃　後期鉄器時代へ。ラ・テーヌ文化の成立

ハルシュタットから

その当時、ヨーロッパの心臓部では、ハルシュタット文化とよばれる文化が拡がっていた。

旧ユーゴスラヴィア、ハンガリーからオーストリア、ドイツ、スイス、フランスへという帯状の地域。その典型的な遺跡が発見された土地名、オーストリアのハルシュタットにちなんで、そうよばれる。青銅と鉄の武器や生活具をもち、火葬のあと骨つぼで埋葬するという風習をたもっていた。ことに、岩塩を採掘するという特異な技術がめざましい。

前九世紀に姿をあらわしたとおもわれるハルシュタット文化は、だれが始めたか議論はわかれる。しかし、ともあれ東方からつたえられた鉄の利用法が、大きな刺激となったらしい。前一七〇〇年のころに端を発した青銅器の金属文明は、ついに鉄の魔力をくわえようとしていたのである。

その名のよく知れぬ民族が、あいついでヨーロッパに到来したが、ハルシュタット文化の末期、ついに主役の地位にのぼる部族が、あらわれてきた。ケルト人とはその部族のことである。

ほかの多くの部族とおなじく、インド・ヨーロッパ系民族に属するケルト人は、もう前二千年紀には、ヨーロッパへ移住していたようにみえる。やがて、塩と鉄の利用をわきまえるようになったケルト人は、とうとうハルシュタット文化を代表するようになり、長らく住んでいたドナウ、ライン川上流地帯からさらに、西にむけて拡がっていった。新興の部族であるかにみえたが、しかしすでにヨーロッパ大陸で生きるすべを心得ていた。つまり、ヨーロッパ人としての資格をおびていた。

いま、ケルト人の時代がくる。鉄の加工法に通じたケルト人は、はげしい勢いでヨーロッパをわがものにしだした。鉄は農耕器具につかわれて、重い土をおこす犂《すき》の先にもちいられた。敵の楯《たて》をうちこわす、重い剣や斧《おの》にも利用された。鈍重な生活は、にわかに色彩をおびることになる。

ラ・テーヌ文化へ

ケルト人と鉄器のむすびつきには、やがて馬と戦車とがくわわる。鉄器文化はそこで、あたらしい進歩をしるしたのだった。ハルシュタット文化をひきついだ文化は、スイスのラ・テーヌの遺跡の名をかりて、ラ・テーヌ文化とよばれる。

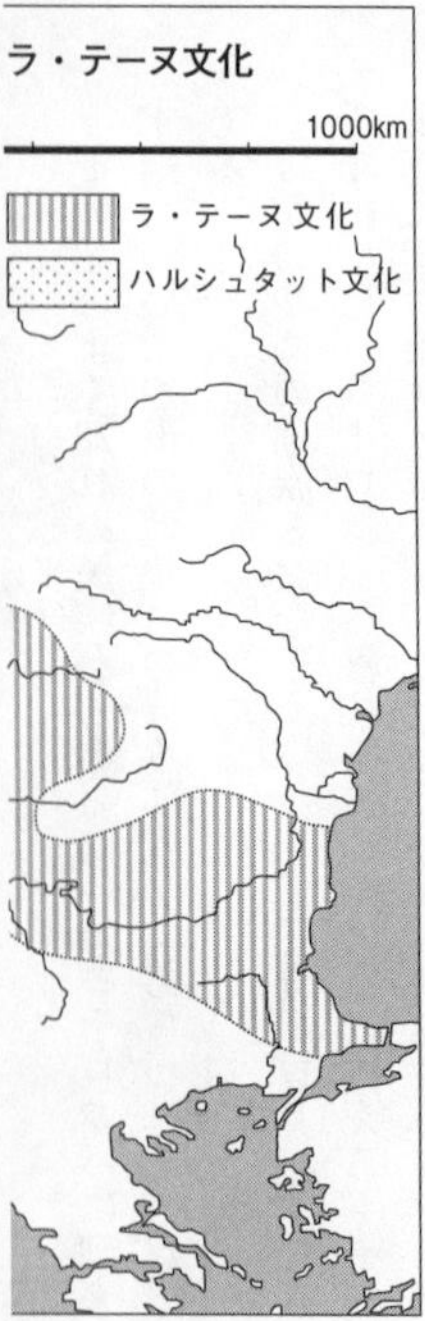

ケルト遺跡出土のベルトの留め具

前四五〇年ころに、はっきりとした姿をとり、その後、四〇〇年にわたって全ヨーロッパに覇《は》をとなえた。鉄と馬を駆使し、生産と戦いに長じたかれらは、周辺の部族を配下におさめながら、さらに西進をくりかえす。現在のフランス、ドイツ、そして、北イタリアとスペイン、その先遣隊ははやくもブリテン島（イギリス）にまで達した。まだ、文字が使われず、そのため不当にも「先史」時代と称されている、紀元前のヨーロッパでは、もう、ケルト人の歴史が、はなばなしく開花している。

はじめはケルト人も、あまたあるヨーロッパ人の一員にすぎなかった。ひょっとしたことから、かれらは古い住人たちを支配下におさめ、その住人たちの生活術を学びとって、たぶん最初の、ヨーロッパ統合者の地位にのぼりつめた。ラ・テーヌ文化とは、その象徴的な姿である。力あまって、あるケ

ルト部族は、バルカン半島をこえ、ギリシアをあらし、海をわたって前三世紀には小アジア半島にまでも雄飛したという。その最先端の人びとは、ガラテア人と称されて、なんと旧約聖書に名をしるしている。またギリシア人と接触したものは、ギリシア語でケルトイとよばれる。ケルト人とは、そこから出た名前である。

戦士と神官

ケルト人とは、いったい何者なのか。残念ながら遺跡をべつにすれば、なまなましい証言はえにくい。それに、おなじケルト人でもさまざまだし、多くの場合おたがいに勢力争いをおこなっていて、とても単一の国家をもつなどというさまでは、なかった。

だが、ひとつひとつの部族には族長がいて、勢力をもつひとにぎりの貴族とともに、部族をおさめていた。その貴族の中心となる人びとの一半は、戦士たちがしめていた。楯や剣をそなえた強兵たちは、ヨーロッパ各地で成功をおさめた。たしかに勇猛にして果敢、肩幅も胸板も広く厚い、雄々しい男たちだった。とりまきの兵士たちをひきつれて、馬に乗り、敵の前にくればみずから先頭にたってたたかった。

ケルト人との合戦にであった、よその部族の兵士たちは、みな恐れをなした。こわいもの知らず、素手裸足ですら襲ってきて、巨大な斧をもってなぐりかかってくるからである。粗食と寒さとにつよく、行動は敏速である。

ケルト人社会には、もうひとつのエリート集団がある。神官である。ラ・テーヌ文化の末期、たまたまケルト人と楯をまじえた敵将が、この神官について書いている。その『ガリア戦記』の一節（近山金次訳）をすこし引用しよう。

――僧侶（神官）は神聖な仕事をして公私の犠牲を行い、宗教を説明する。教育をうけようと多数の青年が集まってきて、尊敬されている。公私のあらゆる論争を裁決して……賠償や罰金を決める。……神官はまず、霊魂が不滅で、死後はこれからあれへと移ることだと教えようとする。こうして死の恐怖は無視され、勇気が大いに鼓舞されると思っている。神官はその他、星座とその運行について、世界と大地の大きさについて、ものごとの本性について、不滅な神々の力と権能について、多くを論じて青年に教える――

　この神官は、ドルイドとよばれる。古代インドのバラモンのようなカーストをなしているらしい。その祭儀は、たいそう秘儀的で、ドルイドだけが独占している。証言がどの程度あてになるかは疑問があるとしても、たしかにケルト人の精神文化は、ドルイドの力によって高い水準に達したことだろう。おそらくは、ケルト人来住のまえからヨーロッパに点在していた、あの巨石構造物は、ドルイド神官によって神儀に転用された。ストーン・ヘンジやメンヒル、ドルメンといったものだ。ちなみに、メンヒル、ドルメンとは、ケルト人の言語に由来している。

帽子またはヘルメットをかぶった男性の頭

　ケルト人を主体とするラ・テーヌ文化をささえたのは、兵士と神官ばかりではない。鉄を加工するすぐれた技術者がいた。もうすでにギリシアやイタリアの地中海商人と交易する商人がいた。かれらは、装身具や貨幣、それに、身につかなかったがギリシア語アルファベットも、搬入したらしい。森林の隙間《すきま》をかけめぐり、わずかな農耕と、もうだいぶん整備されていた牧畜とで、胃《い》の腑《ふ》をみたしていたケルト人は、充分に味わうに足る文化を実現している。

武具をかざる装飾の線文様、壺《つぼ》や鉢《はち》に浮彫りされたいろいろの情景、バックルやブローチや仮面にはられた黄金、それにおそらく防備用につくられた丘上の城館砦。それらはいま、ヨーロッパ各地の考古学博物館のケースを、はなやかにかざっている。

ケルト人のヨーロッパ

ラ・テーヌ文化の終末期、前一世紀の初めごろをみよう。二四〜二五ページの図には、ケルト人が住まう世界がしめされている。現今のヨーロッパ中枢部のほぼすべてが、その版図のなかにふくまれる。いまのフランスに定着していたケルト人は、ガリア人とよばれた。フランス語でゴール人。現代のフランス人は、そのガリア人を「われらの祖先」と愛着をもってよんでいる。

イギリスの島にいるケルト人、それはブリトン人という。ラテン語による地名ブリタニアや、その形容詞ブリタニカなどは、みなそれにもとづく。いまのベルギー地方にいたベルガエ人、これがケルト人のことかどうかは、見解がわかれている。

なにはともあれ、ケルト人はその爪跡を二〇〇〇年のちの現代にものこしている。ラ・テーヌ文化の終焉《しゅうえん》とともに、ケルト人は大陸ではあとからの来訪者によって、のみこまれてしまう。「陸のケルト人」とよばれるかれらは、しかし、森林の樹にその姿をかくすかのようにして、おそらくは数百年、数千年を、生きつづけてゆくことであろう。

ブリタニア島のケルト人、「島のケルト人」は、しばらく力をほこったあと、さらに圧迫

アーサー王の円卓（部分）

をうけて西に逃避する。かれらはしかし、往古のヨーロッパ人としての誇りをまもりつつ、島々を死守する。現在、アイルランドやウェールズ、それにスコットランドの一部には、そのケルト人の子孫たちが健在である。

かくして、ケルト人の遺産は、ヨーロッパの地下水のように、野と森をうるおして生きつづける。ときどき、この伏流水は地表面に噴出するだろう。ケルトの泉、そこには妖精たちが舞っている。その水をアーサー王と円卓の騎士たちが飲みにやってくる。おそらくは紀元五、六世紀の史実にもとづいて伝説化されたアーサー王の物語は、ケルト人の民族的な記憶の結晶であった。

いや、ケルト人が、その民族の血として、あるいは形をとった遺産として存続したかどうかは、あまり重要な問題ではない。ケルト人が、森と石の地表面で接した環境と、鉄と塩をほりだした技術と、戦士と神官ドルイドがうちたてた社会と思考の原則、つまりはケルトの文明の全体が、歴史的な体験として、ヨーロッパの土地のうえで、うけつがれることが重大なのだ。たしかに、ケルト文明は、はるかな時代をつらぬいて、現代のヨーロッパにまで太古の声を発しつつある。すでに、かのケルト大版図は終わりをつげてしまったとはいえ。

だが、終幕を言うまえに、ケルト人が演じた大抵抗劇のことを語らねばなるまい。

3　南の巨人・ローマ

前三八七　ケルト人のローマ市襲撃
一七五頃　ケルト人、北イタリアから駆逐さる
一三〇頃　ローマ、南ガリアへ進出
五八　カイサルのガリア遠征始まる
五〇　ローマの全ガリア制圧。ヒスパニア、ブリタニア、ゲルマニアへも進出。

ラ・テーヌ文化終わる

四六　ウェルキンゲトリクス処刑

四四　カイサル暗殺

ケルトとローマ・第一幕

全ヨーロッパに君臨したケルト人と、ラ・テーヌ文化に終止符をうった、巨人がいた。南の巨人・ローマ人である。

だがその巨人も、もとはちいさな町人にすぎなかった。前三八七年、いまだ七つの丘の孤塁をまもるばかりの都市共和国ローマは、半裸にちかい未知の蛮族の襲撃をうけ、あらかたの市街地をうしなって、カピトルの丘に籠城《ろうじょう》するはめにおちいった。苦しい辛抱のすえ、ようやく交渉がみのり、包囲の兵たちは撤収金を手にして、立ちさっていった。この戦士たちこそ、ケルト人である。

しばらく前に大挙してアルプスを南にこえたケルト人は、北イタリアの平原を席捲《せっけん》して、さらに南方をうかがった。勢いづいたケルト人のまえに、ローマはひとたまりもなかった。だが、後代のあの帝王ローマをおもわせるように、ローマはこの敗戦を無上の屈辱とうけとった。撤収していったケルト人への追撃が計画された。しかし、絶頂期のケルト人はイタリアをめぐって、ローマと小競り合いをつづけ、なお二〇〇年あまりにわたって、決着のつかぬ争いがおこなわれた。ローマの敵国たち、たとえばサムニウム人や、はてはかのカルタゴ人とその将ハンニバルにまで、ケルト人からの助太刀がくわえられていた。

北方のケルト人と南方のローマ人との接触と抗争の第一幕は、前二世紀の前半までに、ようやくローマの勝利をもって終わった。しかし、むしろ第二幕こそが、ヨーロッパの命運をきめることになろう。その幕は、前二世紀末、ローマ軍が南ガリアのケルト人に襲撃をかけて、おいはらったところに、始まった。ガリアでもケルト人とローマとは、長いあらそいを続ける。

そして、第二幕

さて、前一世紀のなかばこの第二幕の大詰めがやってきた。ローマの部将ユリウス・カイサルのガリア遠征である。天才的な軍師カイサルをもってしても、ケルト人との戦いは、苦難の連続であった。ガリアの暗くふかい森林を熟知しているケルト人たちは、ゲリラ戦をかまえてローマの大軍をなやませた。むろん、この森は数千年前からほとんどかわらず、大地をおおっていたものである。外来のローマ人には、なんとも掌握しがたい迷宮のごときものであった。

さきに、ケルト人のドルイド神官を目撃したローマの部将の証言を引用したが、その部将こそ、カイサルであり、『ガリア戦記』としてしたしまれる第一級の歴史資料の著者である。カイサルは、一〇年間の苦戦ののちガリアを平定し、ついでは、ブリタニア島の南部にまで、ローマの領域をひろげた。ケルト人は、カイサルとその軍勢の大胆な挑戦をうけ、じわじわと後退し、または屈服した。前五〇年にほぼ勝負はついた。ケルト人のラ・テーヌ文化の終末とは、このことである。

だが、そのケルト人の栄光が消えさろうとしている前五二年、カイサル軍にたちむかって、ほとんど最後の大抵抗戦を指揮した男のことが、いまなおひとの口端にのぼる。あまり固有名詞のしれぬケルト人のうちで、かれはいわば、もっとも著名なケルト人である。

将ウェルキンゲトリクス

ガリアのケルト人族長の子であったウェルキンゲトリクスは、ローマの前に敗走をつづけるガリア住民たちによって、反攻軍の将にえらばれた。しかし各地で猛攻をささえかねたガリア軍は、ついにアレシアの丘のうえに逃げこみ、ここに籠城の砦《とりで》を建設することとなった。堀をいくえにもほり、各地からさらに兵をつのって、アレシアは、ウェルキンゲトリクスとカイサルの決戦の場にしたてられていった。アレシアは、現在のブルゴーニュ地方、デ

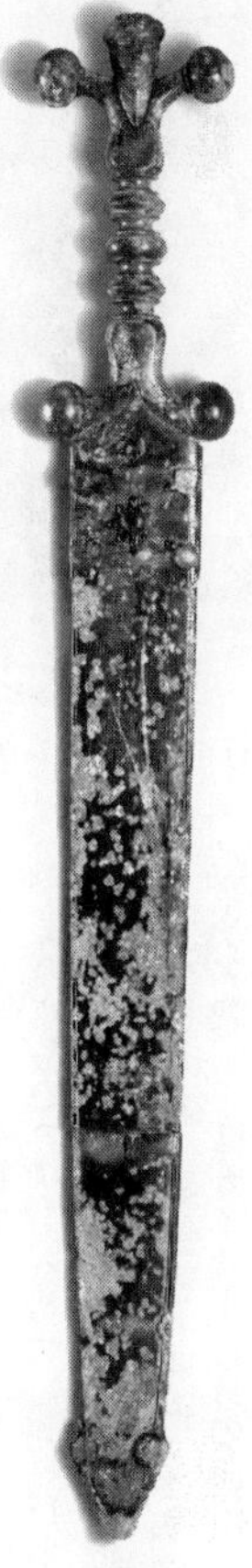
ケルトの刀剣

カイサルのところに行くウェルキンゲトリクス

イジョンから西方約五〇キロメートル。いまの地名でアリーズ・サント・レーヌにあたり、発掘の結果からも、この攻防が壮絶な肉弾戦だったことがわかっている。『ガリア戦記』はカイサル自身の記述だから、疑問とすべきところがあろうが、ケルト諸部族の連合軍は二五万人の兵を数えたという。ローマ軍にとっても予断をゆるさぬ戦闘は、包囲したローマ側の勝利となった。

　いまや、落城も間近となったアレシア砦で将ウェルキンゲトリクスは、部下たちをあつめて言ったという。「自分が死んでローマ軍に償うか、生きたままローマ軍に引き渡すか。ともあれ自分は私欲のためではなく、民族の自由のために戦ったのだから、身柄はみなにあずける」と。そう『ガリア戦記』は書いている。ウェルキンゲトリクスは、カイサルの膝もとに降り、ローマに護送された。六年のちにローマで処刑されるまで、抵抗の勇士は敵軍の捕虜として、恥辱の日々をおくった。もっとも、勝利の将カイサルも、やがてそのあとを追うように、暗殺の刃《やいば》のもとに命を散らすのであったが。

　アレシアとウェルキンゲトリクスの名は、ガリアのケルト人の抵抗の象徴として、いささ

キリスト教化されたのちのケルト十字架

か誇張されながら、生きつづける。ガリア人の子孫たるフランス人のあいだでの人気は高い。それればかりか、ケルトの名のもとに自立を唱える、フランスのブルターニュ人やイギリスのウェールズ人にとっても、その名は不滅ということになろう。

　ガリアもブリタニアも、そして南ドイツもみなローマの領内にとりこまれた。ヨーロッパはローマ人のものとなったかにみえる。だが、ものの見方を逆にしてみよう。新石器時代の森のなかからうまれたヨーロッパは、地中海の東方で呱々《ここ》の声をあげたもうひとつの文明とは、べつの歩みをつづけてきた。東方文明をうけついで、ギリシアやローマの古典文明は地中海で生誕し、まばゆい姿に成熟し、しかしやがてその地中海で分解してゆくであろう。他方、ローマ人をとおして、地中海文明の余沢をうけたヨーロッパはといえば、その文明を肥料にして、またあらたな成長への道をたどることになろう。

　ヨーロッパへやってきたローマの兵士たちは、なれぬ森のなかに駐屯し、ローマ文明をまきちらした。けれどもそれは、ヨーロッパの森の色をかえることは、ほとんどなかった。かなりローマ化されたといわれる南フランスとスペインの一部をべつにすれば、むしろ北方にむかったローマ人のほうが、逆にヨーロッパ化されてゆくことだろう。故地イタリアも、ローマ帝国の栄光が去ったのちには、もはや例外たりえない。

第二章　建設と破壊

法王レオ３世に戴冠されるカール大帝

1 ゲルマン人がきた

三七五 西ゴート族、ドナウを渡る
四一八 西ゴート族、南西ガリアに建国
四二九 ヴァンダル族、北アフリカに建国
四五一 フン王アッチラの侵入
四八一 クローヴィス、フランク王となる
四九三 テオドリク、イタリア王となる
五六八 ランゴバルド族、イタリアに建国
七一一 イベリア半島、イスラム教徒の支配下に

質朴にして、無気味な

ゲルマン人がやってきた。もっとも、いまがはじめてではない。かつて、ケルト人がローマと最後の負けいくさをつづけていたころ、すでに、肩幅がひろく長身で毛ぶかい北方の男たちが、見えつかくれつしていた。カイサルは、ガリアの森でたびたびゲルマン人に出会った。注意ぶかいこのローマの部将は、ケルトとゲルマンとがはっきり異なる民族であること

ローマとケルトの戦闘情景を表す石棺彫刻

を承知していた。
神聖な仕事をする神官はおらず、農耕よりは牧畜をなりわいとし、遊惰《ゆうだ》におちず、むしろ労働と困苦をすすんでもとめる質朴な人びと。カイサルはゲルマン人をそうみていた。おそらく、そのとおりだったのであろう。ただし、もちろん前一世紀にローマ人の視界のうちにはいったゲルマン人は、そのごく一部だけであったが。
ゲルマン人は、すでに登場したケルト人やローマ人とおなじく、インド・ヨーロッパ系民族に属する部族であった。ケルト人が中部ヨーロッパを帯状に占領したころ、かれらはその北側に定着した。スカンジナヴィア半島南部から、さらにデンマーク、ドイツにまで達していた。より南に位置するケルト人との争いはあったようだが、いまだラ・テーヌ文化の恩沢にちょっぴり浴するだけであった。
ローマがヨーロッパに足跡をしるしたころ、南下のきざしはあったとはいえ、あらかたはまだ不気味

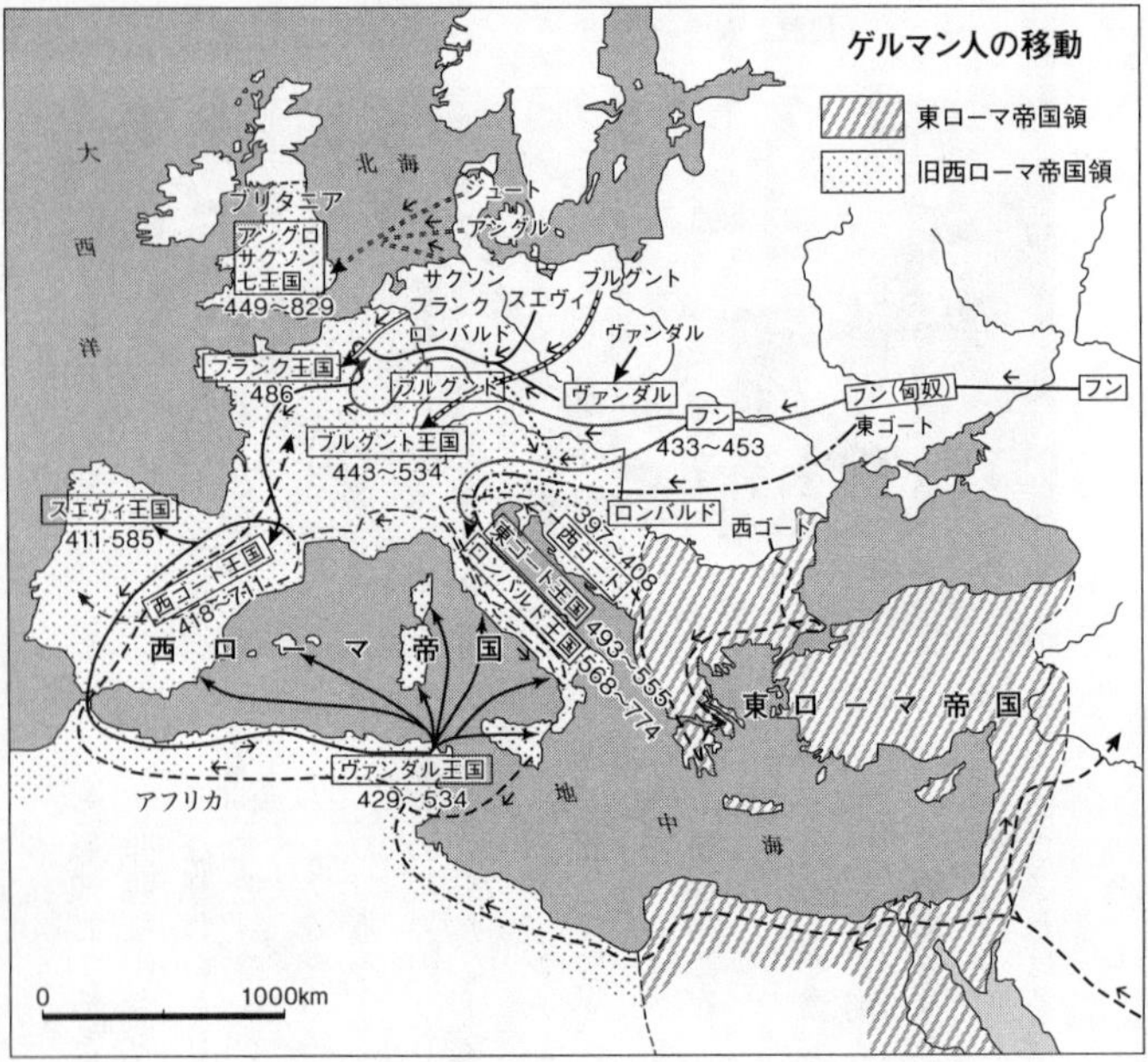

なままに座して黙していた。カイサルの観察のとおり、未開のままの生活をいとなみ、族長のもとに、荒々しいが平和な北方の暮らしを、楽しんでいたらしい。

だが、すぐ南にいたケルト人がローマの軍門にくだり、ヨーロッパの森が帝国の辺境に一変したからには、ゲルマン人たちの活動のための条件が熟してきた。辺境の空白がかれらを誘いかけたからであろうか、それとも、ゲルマン人自身のうちに、人口過剰などの内因があったのであろうか。二世紀のなかごろから、ゲルマン人の動きが、目立ってくる。

サンタポリナーレ・ヌオヴォ聖堂（ラヴェンナ）のモザイク（部分）

民族移動のあとさき

じわじわとした移動だった。ローマ領の境界にまでいたり、そして難民や移民のようなかたちで、帝国領内に入った。さりげなく国境内に入りこんだゲルマン人は、下層の農民ともなり、兵士ともなった。やがてまとまった定住地を帝国からわけあたえられもした。

東方から草原をよこぎって、快足をとばしてやってきたフン人が、四世紀の後半ゲルマン人に攻撃をしかけた。機動力にたけたフン族は連勝をほこり、東ヨーロッパに住まっていたゲルマン人は、抗しかねて、ローマ領内に逃亡した。三七五年大挙してかれらが、ドナウ川の国境をわたった事件は、事実上、ゲルマン人大移動の開始をつげた、とされる。

むろん、移動は数世紀にわたって、おこなわれたものである。開始も終了も、はっきりと日時はきめられない。ともあれ、その後二〇〇年ちかくにわたって、部族ごとのゲルマン人移動がつづいた。その様子は、四〇ページの図をみていただこう。

どのゲルマン部族も、おもいおもいの方法で、国をたてた。気づいてみれば、西ローマ帝国を名のったローマ人の国は、地上から姿をけしていた。多くの部族が長途の遠征をした。そのあいだに、社会の仕組みはゆれうごき、人びとの気質には変化がきざした。かつてカイサルやタキトゥスがえがいたゲルマン人とは、数世紀をへだてて、暮らしぶりをかえた人びとになっていたことであろう。西ローマ帝国は、ゲルマン人の侵入によって、とどめをさされたといわれる。しかし、ゲルマン人もそれにともなって、変わっていった。一言でいえば、北方の原野と森林にいた蛮人は、いまヨーロッパ人となったのだ。ケルト人が体験し、ローマ人のあるものたちが経験したとおなじような仕方で、ゲルマン人もヨーロッパの環境をうけいれ、その文明のにない手となっていった。

さて、その間に、敗残のローマ人はどうなっていったのか。帝国はなくなったが、しかし、ローマ人とその文化とは、生きのこった。ただし、あの栄光の古典文明の管理人という資格からは、ほど遠く。その栄光は、東の帝国へ返納してしまった。そのビザンツ帝国は、勢いをもりかえして、六世紀には、イタリア各地から北アフリカ、南東スペインにまで、威光を垂れるであろう。

イタリアばかりか、南フランスやスペインの土ふかく、数百年にわたって耕してきたローマ人は、地中海文明という遺産を、ヨーロッパにたいしておくった。円形競技場や神殿や道路といった眼にみえるものばかりか、ラテン語からくずれたいくつかのラテン系言語、法の慣習（あえていえば、ローマ法的慣習）、そして、貴重な写本と哲学する心、もっと卑近にローマ的生活スタイルまで。

いずれ長い時間ののちに、このローマの遺産は、軋轢《あつれき》と混合の複雑なプロセスをへて、ヨーロッパ文明の財産目録にくわえられることになろう。ローマは死して、生きた皮をのこした。

2　カールの帝国

七三二　トゥール・ポアティエ間の戦い
七五一　ピピン、カロリング朝を創始
七六八　カール（シャルルマーニュ）、フランク王となる（〜八一四）
八〇〇　カール、皇帝に戴冠される
八四三　フランク王国三分

頭をもたげるフランク族

あたらしい主役となったゲルマン人には、大別してふたつの種類がある。第一には、早目に移動し、遠くへ征行した部族。東西のゴート人やヴァンダル人は、みな地中海沿岸に達してそこに国をたてた。その土地に、ながらく根をはっていた地中海文明に、肌でふれた。いささか早計であったろうが、ともあれ他にさきんじて、南の文明になじみ、それだけに早くも、七、八世紀にはおおむね同化をとげてしまう。

これらにたいして、第二の西ゲルマン諸部族の場合、いずれも当初の移動は小きざみだった。なかでも典型的なのは、フランク部族の場合である。フランクは、ほかの部族よりもはるかに、内部の統一がゆるく、いくつかの支族にわかれていて、共同の歩調がとりにくいという事情もあるらしい。ようやく、五世紀の末メロヴィング家のクローヴィスによって王国に統合されたが、現在のドイツとフランスにまたがる居住地を、多少南にひろげただけであった。その間に、部族間の紛争をおさえ、じわじわと潜在力を身につけはじめていた。

その潜在力とは、基本的には軍事力であったようにみえる。とはいえ、かつてのケルト人のような勇猛果敢な闘争心だけでは、覇《は》をとなえるには不足だった。また、駐屯ローマ軍がそなえていた規律や戦略行動は、まだヨーロッパには望みうべくもなかった。多数の部族をしたがえ、ヨーロッパの外からおしよせる侵入者に対抗するには、どのような軍事力が必要だったか。

フランク王国は、それを重装備した騎兵にもとめた。装備の調達は難事ではあったが、戦闘ではいちばん強力なことを、知っていたからである。その軍備をいちはやくつくりあげたのは、ライン中流の豪族長ピピンであった。かれは七世紀末には、宮宰《きゅうさい》という、執事長職となってメロヴィング朝をおびやかした。

軍師の家統

ピピンの庶子であるカール・マルテルは、父よりも戦いにおいてはるかにすぐれていた。馬に鐙《あぶみ》をかけ、重装備の騎士をささえられるようにし、騎馬の力を十二分にひきだしたのは、たぶんカールの時代のことだろうといわれる。宮宰の位をうけついだかれは、戦争の生涯にあけくれた。フランク王国の内訌《ないこう》を武力でおさえ、隣接するゲルマン諸族の平定にむかう。アレマン、テューリンガー、ザクセン、バイエルン族など。

さらには、ときまさにピレネー山脈をこえてガリアに侵

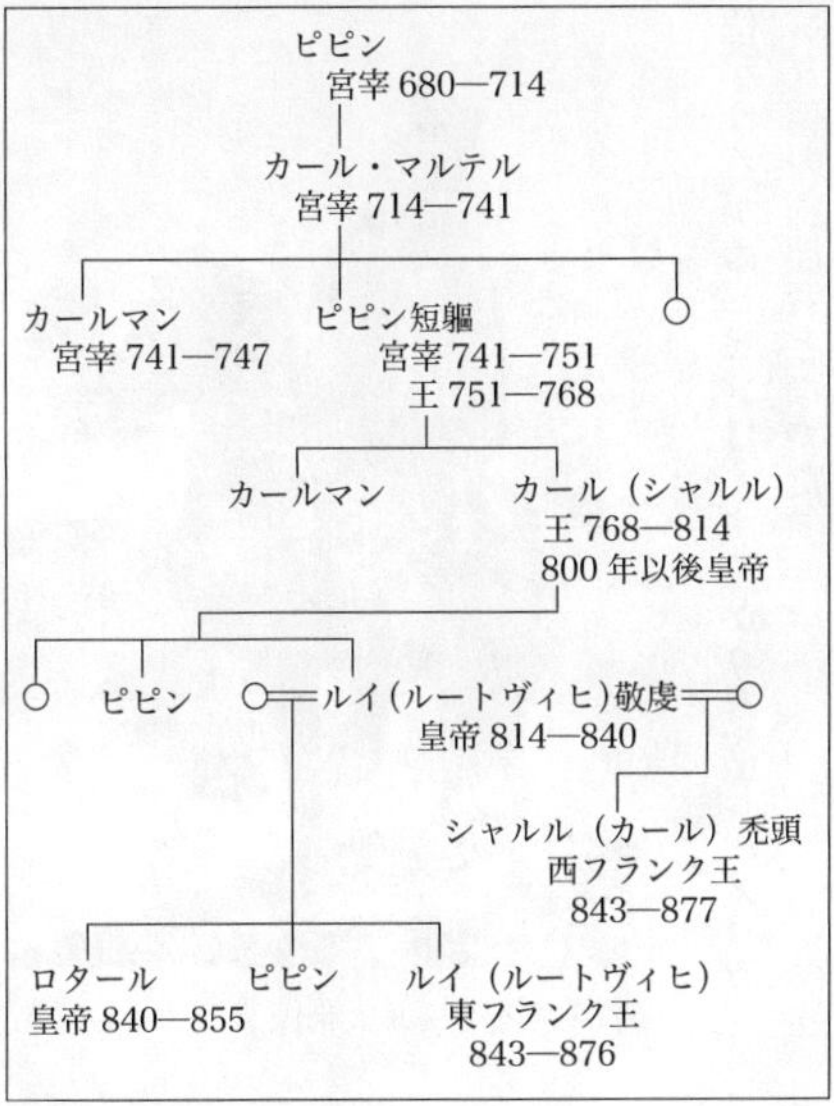

初期カロリング家系図

騎乗するカール大帝像

入したイスラム教徒軍との攻防戦がおこる。異教徒からキリスト教世界を守った記念すべき戦勝として、過度に強調されるトゥール・ポアティエ間の戦い（七三二年）は、カールの一連の戦いのひとつだった。

カールの子は、またもピピンという名だったが、さらに遠征をひきつぎ、イタリア中部にまで勢力をのばした。イスラム教徒との競り合いもつづいた。いまや、王国の第一の地位がゆるがぬピピンは、すっかり零落したメロヴィング家にかわって、王位につき、カロリング朝の創建者となった。

そのピピンの子が、ふたたびカールである。のちに「大帝」と冠称された、カール大帝。その玉座の日々も、戦いにあけくれた。相手はといえば、枚挙にいとまがない。いちばん手を焼かせたのは、北ドイツのゲルマン人、ザクセン部族であった。三〇年にわたる攻防は、王国の兵士にも多大な犠牲をしいた。イタリアの制圧は、比較的、容易だった。ランゴバルド王国は、首府パヴィアをおとされて、服属した。

上の図をご覧いただこう。三代の軍事的天才が一〇〇年たらずのあいだに、フランク王国の版図を倍増させた。その領域は、のちに西ヨーロッパという名でよばれる世界に、奇妙なほど一致している。はじめて、ヨーロッパはみずからの力をつかって、ひとつの政治的な単位になりあがったのだった。

そしてさらには、カール大帝はイスラム教徒をピレネーの南側におしもどし、わずかではあれ、スペインにまで領域をひろげる。大陸にのこされた唯一のケルト人の土地、ブルターニュを平定した。さらに東方の草原から侵入してきたアヴァール族をおしとどめ、ドナウ川の中流までがかれにしたがった。

驚くべき、軍事的成功であった。固定した王宮をもたず、フランク領のいくつもの城を遍歴した王は、戦いに生きるゲルマン人指導者の鑑《かがみ》というべきであろう。

古めかしい軍事大国

カールの国は、軍事大国である。そう断言すると、ただちに反論が予想される。カールは、従来の王とはちがって、行政機構をととのえ、宮廷には統治をつかさどる官職をいくつも創設した。領内の各地を有効に監視すべく、巡察使が命じられた。その各地には、古来の豪族が割拠していたが、カールはこれらに伯（コメス）の称号をあたえて、王国への忠誠をもとめた。王の直轄下にある最高裁判所と官房文書局。どれをとってみても、前人未到の官僚組織として、面目躍如たるものがある。すでに行政国家としての実は、みごとに達せられていたようにもみえる。

それればかりではない。カールの王国は文治的ともいえるほど、文化の香りのたかいものだった。王は勅令をもって、青少年に初等教育をうけることを命じた。宮廷には、ヨーロッパ各地から、著名な学者が招かれた。イングランドからきたアルクインは、宮廷学校を指導し、アインハルトという一俗人は、カールの伝記をのこした。修道院を改革し、そこでも基礎的学問がさかえた。全土でラテン語が使用されるほどだったという。

重臣たちに囲まれるカール大帝

くわえて、カロリング朝王国は、すでに経済的力量をたくわえていた、ということもできる。穀物、ブドウをはじめとして農耕がたいへん進歩しており、広大な耕地は隷属的な農民を組織して、効率的に利用されている。有力な修道院や豪族の手元を中心として、もうカロリング朝初期には、荘園とよぶべき農業組織がうまれて、たかい生産力がしめされていた。

カール王の国を、こうして、行政（官僚）国家、文化国家、経済国家といいあらわせることも、ある程度たしかである。だが同時にその国家には、いくつもの古めかしさが残っている。カールその人についてもそうだ。伝記作家アインハルトによれば、カールは、生命力あふれた長身、白髪に大きな碧《あお》い眼、陽気で声は澄んでいた。狩りをこのみ、泳ぎをよくこなし、肉が大好物だった。酔うことはきらいだったが、性欲ははげしかった。このようなカール王を、整った文治国家の冷徹な政治指導者とみなすのは、いささか抵抗感をひきおこす。長髪をたなびかせて王の権威を四周にしめす、ゲルマン人太古の部族長と、なにほどもちがわないのではあるまいか。

それにもまして、カール王の軍勢は強力ではあったが、厳格な規律によって出兵する組織的な軍勢だったとはいいがたい。たしかに主君と従士との緊密なつながりがあったが、戦闘をささえたのは、じつはもっとナイーヴな人間的つながりであった。父方、母方の親族関係が網の目のようにはしり、ふるくからの氏族集団のつながりが、生きていた。戦闘も、そして領地の管理も、そのような血の結びつきを重んじつつ、おこなわれていた。

ありていにいって、カールの王国は、ヨーロッパの森の、ふるめかしいゲルマン人風習にもとづいた軍事強国だった。行政、文化、経済、どれもがいちおうの完成をみたものの、後世からみれば、筋書きだけがまさったフィクションにちかい。カールが発した無数の勅令も、それがそのままの社会現実だったと、とるわけにはいくまい。

だが、仮構であったにせよ、その筋書きは大切である。というのも、往古に名をあげた大帝国、アッシリアやペルシア、漢や唐、それにローマにいたるまで、大帝国はなにがしかその筋書きのおかげで、軍事支配をかざりたてた。その実は、たぶんきわめて古めかしい社会であったろうが、優先したたてまえのおかげで歴史上に名をのこす。カールの王国は、その軍事上の大成功をもあわせかんがえたうえで、これら往古の「古代」帝国の仲間にくわえる

皇帝コンスタンティヌスの法王寄進

のが、至当だとおもわれる。ヨーロッパが、はじめてうみだした帝国、あえていえば「古代」の大帝国であった。

断固たる後進国へ

この場合、帝国とよぶのはわけがある。カールは、即位後三〇年あまりの戦闘ののち、西暦八〇〇年の降誕節に、ローマ法王によってローマ皇帝に戴冠《たいかん》されたからである。カール大帝とはこれにちなんでの呼称である。この皇帝戴冠については、さまざまな意味を詮索することができる。ゲルマン人国家とキリスト教会の本格的な連携をしるす事件だといってもよい。しかし、もうひとつの重要なポイントはつぎのところにある。

法王レオ三世と国王カールとは、いちばん長い目でみるならば、共通の気がかりな敵をもっていた。その敵にたいして共同戦線をはることができれば、幸いだった。その敵とは東ローマ・ビザンツ帝国である。ローマ帝国のただひとつの継承者であるビザンツ帝国は、理論上はふるく西ローマ領内にあった土地にまで、権威を主張できた。ことにイタリアとその周辺にかんしては、いくらかの領土をもって、影響力をほこっていた。その無気味な影に、法王も国王もおびえていた。皇帝戴冠による共同防衛はその怖れのうちからうまれ、たしかに充分の効果を発揮した。ビザンツ皇帝すらも、カールの権威をみとめるという妥協をするにいたったから。

ルイ敬虔王の戴冠とカール大帝

ビザンツ帝国とヨーロッパとは、ほとんど一〇〇〇年間をかけて、紆余曲折《うよきょくせつ》をへながら、しだいに遠ざかってゆく。その過程のなかでも、カール大帝の時代はたしかに、重要な一里塚であった。その当時、あきらかな先進国であったビザンツ帝国にたいして、事実上の独立宣言をたたきつけたのである。この独立宣言は、先進の地中海文明からの離縁を意味しているから、いわば、ヨーロッパはみずから択《えら》んで、後進国でありつづけようとする決断でもあった。

3　ヨーロッパの外周から

八五〇頃　ノルマン人の西ヨーロッパ侵入始まる
八九〇頃　マジャール人、東ヨーロッパを脅かす
九一一　ノルマン人、ノルマンディーに定着
一〇一六　デーン人、イングランドを統合

分解する帝国

往古の大帝国は、いずれもその隆盛があまりにめざましいだけに、没落するときの悲惨もまたいたいたしい。カール大帝の帝国も、その子ルートヴィヒ（ルイ）敬虔王やシャルル二世禿頭王の治世がおわったころには、急速にしぼんでいった。そして、ほぼ二〇〇年間にわたる憔悴《しょうすい》の年月が、やってくる。ヨーロッパは逆境のときを迎える。

歴史はつねに、消長あいなかばしている。大帝国が盛運をあらわにしたあとは、つぎにながい沈黙の時間がながれる。それは、法則とはいわぬまでも、そこかしこで出会う常態のようである。歴史は繰り返して循環する、などと悟ったことをいわずとも、その仕組みにわけいってみれば、消長がおこるのも当然といえようか。カールの帝国は、当時のヨーロッパの

シャルル２世（禿頭王）

力量をこえて、手にあまる難問につきあたり、予想外の成果をおさめていた。しかし、そのために蓄積された無理は、いつかは社会に犠牲をしい、活力の減退をまねくことになろう。九世紀の後半にいたって、カロリング朝の王国がおちいった衰運は、そのようなものであった。おそらく同一のメカニズムは、ヨーロッパ史の今後にいくどか形をかえつつ、出現するはずである。

　カールの帝国は、ほぼ現在のフランス、ドイツ、イタリアに相当する部分の三つに分解した。そればかりか、帝国をささえた強大な軍事力は麻痺《まひ》し、臣民と豪族はたがいに争いあうようになった。三つのカロリング王家は、どれも名目上でしか、統治していない。

　その不如意のときに、ヨーロッパにはまた大規模な民族移動がおこった。かつて、ゲルマン人の移動のさい、さいごまで動きださなかった、北ゲルマン部族が、移動を開始した。今度も、その理由ははっきりしない。北ゲルマン人は、いまのデンマークからスウェーデン、ノルウェーにとどまり、より悪い条件のもとでながら、牧畜と農耕とで生計をいとなんでいた。

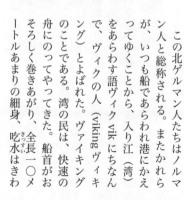

ヴァイキングの襲来

もっとも早くうごいたのは、八世紀末に北ドイツに略奪行をおこなった人びとである。九世紀になると、デーン部族が、海をわたってイベリア半島、さらに地中海にはいってイタリアを、ついでは、大陸をもおそうことがあった。かれらは、いずれも一年単位の略奪行にしたがっており、冬には故郷にかえった。成果はそれで充分だった。内陸ふかくまで、川をさかのぼり、早業をもって都市の館《やかた》や修道院をおそうようになった。

ヴァイキング船（中世写本より）

この北ゲルマン人たちはノルマン人と総称される。またかれらが、いつも船であらわれ港にかえってゆくことから、入り江（湾）をあらわす語ヴィクvikにちなんで、ヴィクの人（viking ヴィキング）とよばれた。ヴァイキングのことである。湾の民は、快速の舟にのってやってきた。船首がおそろしく巻きあがり、全長一〇メートルあまりの細身、吃水《きっすい》はきわめて浅い舟である。北海をこいで荒波に熟練していたヴァイキングたちは、難なく海をこえて、岸に達し、さらに川をさかのぼった。浅い支流になるほどに、かれらの舟の利点がはっきりする。どこまでも、底をすらずにのぼっていけるからだ。

九世紀なかばから一世紀間以上にわたり、フランスの各地は、この舟にいためつけられた。長身で髪とひげでいっぱいの北方人は、ところかまわず、略奪してまわった。ことに宝物の多い修道院や豪族の館が目標となった。どこも、満足できるような防御策は、講じられていなかった。修道院では、いざというときのための避難塔をつくったりした。塔ににげあがり、下からヴァイキングの男たちが罵声《ばせい》をあびせている情景を想像もしてみよう。ものが目当てだが、抵抗するひとは殺された。フランク人は少人数で不意打ちをしてくるゲリラを、どう退却させるかを知らなかった。数十人が乗りこんで高速で襲いかかってくるヴァイキング舟は、まるで悪魔の使いかのように、おもえたであろう。この恐怖の体験は、はるかのちまで口づたえに、子孫たちにうけつがれたほどだ。

『ベオウルフ』や『サガ』などの、神話的英雄詩をもっていたノルマン諸部族は、その九世紀までには、かなり進んだ社会をもっていた。略奪はあくまで臨時の仕事であり、いつもは北海の宝庫で魚をとり、海岸べりの土地を耕していた。ドイツ語にかなりちかい言葉をつかい、商人も取引にしたがっていた。

もっとも南にあたるデーン人が、ヨーロッパにふかく接触した。フランスや低地地方ばかりか、イングランドは絶好の仕事場だった。アングル人、サクソン人らがたてていた国々は、デーン人によってかきまわされた。ブリタニア島の東岸一帯は、完全にデーン人の土地となり、ついにはそこに定住するものもあらわれた。

イングランド人とデーン人の抗争は、語ればながいいきさつをたどる。九世紀にイングランド側にアルフレッド王がでておしかえし、ついで十一世紀初めには、デーン人の王クヌートが逆にイングランドを平定し、のちに……。その決着は征服王ウィリアムの手にゆだねられる。

デーン人のうち、フランスに定着する部族もあった。ロロという名の男が、セーヌ川下流に居つき、ついにはフランス王に臣従して、公位をうけるまでにいたる。その地は、ノルマン人の地（ノルマンディー）とよばれる。征服王ウィリアムはその末裔《まつえい》なのであった。

ブラック・ホールのように

デーン人とならぶ、ノルマン人のほかの僚輩たちの足どりはどうだったろうか。まずスウェーデン人。かれらはバルト海の対岸から陸路ロシア平原をめざす。すでにスラヴ人の影がちらつく平原で、スウェーデン人は商いを主として活動した。おそらく、ついにはウクライナをへて、黒海へ、そしてコンスタンティノープルへと、旅のルートをのばしてゆくことになろう。

ノルウェー人。かれらは、まったくの海の民として生きる。アイスランドは、ごく手近だった。ついではグリーンランドへ。漁場をもとめたかれらは、おもわずも北洋のかなたに、

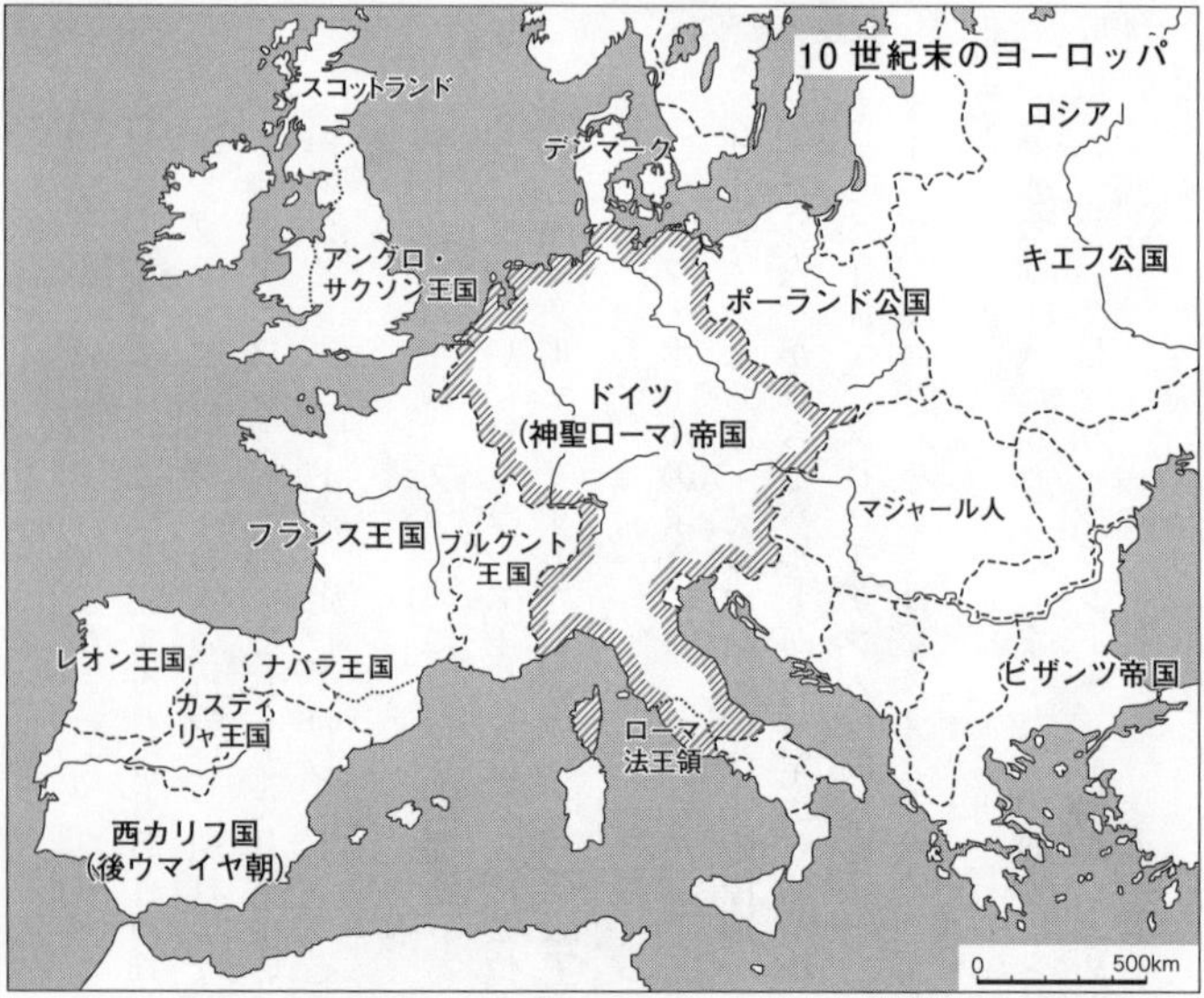

草もおいしげる島を発見したのだった。いまでは、グリーンとはいいかねるこの島がそうよばれるのは、その結果であった。

ノルウェー人は、西暦千年の直前には、グリーンランドから西行して、ついにいまのカナダの海岸にたどりついただろうと、言われる。その可能性はきわめて高い。とすれば、アメリカ大陸への到達は、コロンブスに先んじること五〇〇年、ノルウェー人の栄光に帰されることになる。もっとも、かりにそうだとしても、そのアメリカ植民地はながつづきはしなかったのだが。

ノルマン人ばかりが、ヨーロッパの敵ではない。東にはスラヴ人とマジャール人。南にはといえば、ビザンツ帝国とイスラム教徒の帝国という、段違いの先進国が、地中海文明をうけついで栄えている。コンスタンティノープルとバグダードはもとより、スペインのコルドバやシリアのダマスクスといった、まぶしく輝く地中海の大都市。そのいずれにたいしても、ヨーロッパには肩をならべるべきものは、なかった。

五八ページの十世紀の地図をみていただこう。ヨーロッパは、完全に包囲されている。南から東には、先進国が。東から北、そして北西の隅まで、若々しい活力をいまふりまく新興の諸部族が。ほとんど円環をなして、包囲の帯は熟している。その十世紀、ヨーロッパだけは、あたかもブラック・ホールのごとく、暗い淵にしずみかえっている。円環の回廊を文明がかけめぐっていることに無知なのは、とりのこされたヨーロッパ人だけだったようだ。

これが、西暦千年をむかえる直前の、ヨーロッパ内外の風景であった。

第三章　改新の世紀

ブリューゲル《死の勝利》

1　西暦千年のあとに

九一〇　クリュニー修道院設立
九六二　ザクセン朝国王オットー、皇帝戴冠
九八七　フランス、カペー朝の成立
一〇一六　デーン王クヌート、イングランドを統合
一〇三三　西ヨーロッパの飢饉。このころ、神の平和運動盛ん
一〇六六　ノルマンディー公ウィリアム、イングランドを征服

静かな持続

ヨーロッパは、いまも厚い森林におおわれていた。一〇〇〇年前とくらべれば、森を切り拓《ひら》く人びとはふえていたものの、まだ、ごくわずかな緑の帯を耕地にかえただけだった。沼地や湿原には、ほとんど鍬《くわ》はおよんでいなかった。

いっとき、見るもみごとな農地をつくりあげたかにみえる豪族はいた。大麦も小麦も豆も、そして南からの到来物であるブドウも、勢いをました。だが、ほんの数年間でも放置されると、農地は、すっかり森にかえってしまう。

重苦しい時間が、ながれていたことだろう。たまさか、ヴァイキングの襲撃が騒ぎをおこすほかには、時間の持続にリズムをあたえるものは、すくなかった。

おそらく、人びとにとって、一年の周期と世代の交替のほかには、なんらの破調もあらわれてこなかったようだ。進歩とか退歩とかは、時間の子供であるが、だれの脳裏をもかすめることは、なかったはずである。進歩と退歩をぬきにしてかんがえれば、時間の始まりとか終わりとかを、とりざたするのも不可能。こうして、森のヨーロッパには悠久《ゆうきゅう》の不変が支配していた。

黙示録の書（「ベアトゥス本」として名高い）

　西暦千年がやってきた。しかし、時間と無

縁にいきる人びとにとって、一〇〇〇年がいったいなにを意味しえたろう。かつて、『ヨハネの黙示録』が、謎めいた言葉でほのめかした千年が、いまやってこようとしているのに。イエスから一〇〇〇年がへたとき、世界は大動転をむかえると書かれていたのに。

　じっさい、黙示録を読むひとはすくなく、ましてその秘められた言葉に意味を発見したものは、ごくわずかだった。時間からさえぎられ、進歩と退歩、創始と終末と無縁にいきていたのだから、当然のことであった。すくなくとも、西暦千年というころ、たしかにそうだった。ヨーロッパではとりたてていうべき、どんな事件もなかった。

一〇三三年

けれども、三分の一世紀ののち、一〇三三年、光景はがらりとかわっていた。じつは、この半端な年号こそ、深刻な意味をもっていたのだった。イエスが再臨するのは、復活後一〇〇〇年と予告されていたのであり、一〇三三年はまさしく、その年にあたっていた。西暦千年をすぎたころから、鋭敏な思索家たちは、きたるべき重大な年のことを、とりざたするようになっていった。一〇三三年に、なにが起こるのだろうか。それを予知する方法は……。

　時への目覚めが、どうしてうながされたのか。くわしくはわからない。東方聖地に侵入をはじめたセルジューク族トルコや、ピレネー山脈にまでせまったイスラム教徒アル・マンスールの、外圧がしからしめたのか。あるいは、聖職者たちが先取りした、現世終末の教義に民衆が感染したのか。いや逆に、聖遺物や奇跡にするどく反応する民衆が、一〇〇〇年の傷のいたみをイエスとともに、分かちもとうとしたのか。

一〇三三年、まさしくその年。六月二九日、日蝕《にっしょく》が起こった。日蝕を悲惨な事件の象徴とさとるのは、古来のならわしだ。神の怒りはいま、地上にみちている。

そのとおりだった。一〇三三年、ヨーロッパ各地は、未曽有《みぞう》の飢饉《ききん》に直面していた。ガリア（フランス）を中心として荒れくるった大飢饉は、ひとりの修道士の目撃記録をもって、ひろく知られるようになった。ラウル・グラベール。ブルゴーニュ生まれの四八歳。

証人グラベール

「飢饉はその損害を全地に拡げはじめ、人間はほとんど全部消滅するのではないかと怖れられた。大気の状況はとても不利で何か種を蒔《ま》こうとしても適時を見出せず、とりわけ洪水のため収穫をうる手段がなかった。……」

富める者も、貧者も、ひとしく食物不足になやまされた。獣も小鳥も、木の根や河藻まで、みなくいつくしてしまった。神が人類にくだした懲罰は、ついにはもっとも恥ずべき食糧となってあらわれた。人肉を食べたのである。「狂える飢えは人間に人肉を食わせたのだ。旅行者は自分よりも頑丈《がんじょう》な者たちにさらわれ、肢体を切りはなされ、火で煮られて食われた。……多くの者が果実とか卵を子供たちに見せて遠くへつれて行き、子供たちを虐殺してむさぼり食べた。多くの場所で死体は大地から剝《は》がされ、同様に飢えをしずめるのに役立った。……人肉を食うことがひとつの慣わしとなったかのようだった」

叙述からどんなに割りびいて事実を推測するにしても、ヨーロッパ史上、これほどに凄惨《せいさん》な図がくりひろげられたのは、まれだった。

一〇三三年までの三年間、神の怒りはしずまらなかった。黙示録に予告された世界終末はこうしてやってくる。キリストの敵（アンチクリスト）が、鎖を解かれて、地上を略奪してまわる。人類は、ただこの動顚《どうてん》をたえぬかねばならぬのだろうか。

だが、グラベールの記述は、突如として明るさをとりもどす。一〇三三年夏、ついに大混沌《だいこんとん》は終わる。

「主のご受難から一〇〇〇年目、先にのべた不幸な飢饉に続いて、大雨は聖なる善良さとおんあわれみに従っておさまった。空は笑み、明るくなり、順風によって活気づいた。その晴朗さと平和によって、天は創造主の度量の大きさを示していた。全地の面は愛らしい緑でおおわれ、果実はゆたかに稔《みの》って飢餓を追放した。数知れぬ病人たちは多くの聖人方を招いての集会で健康をとりもどした」

たしかに地上は、よみがえったのだ。数年間にわたってこんどは大豊作がやってきた。イエス千年忌の大破局は、慈悲ぶかい全能の神の加護によって、回避された。地上は根だやしにされず、いやかえって、太くたくましい根で蘇生《そせい》した。

たしかな胎動

のちの言葉ならば、復活とか進歩とかいいあらわされるであろう感覚が、体内にわきあがってくるのが感じられた。時間の遷移が意識され、終末と退歩をしりぞけて、進歩と創始がひとの心に火をつけた。

じっさい、一〇三三年にいたるしばらくの期間にも、進歩への芽はふいてはいた。宥罪《ゆうざい》をもとめる巡礼の群れ、説教に耳をかたむける満堂の人びと、強奪や乱行の停止を戦士たちにもとめる民衆。その胎動は、一〇三三年をこえたときには、あきらかに建設への衝動となっていった。

各地で、あたらしい教会堂がたてられはじめた。聖職者のなかには、責務にもえて伝道におもむくものが続出した。自信にみちた神の民は、戦う人びとにまで協力をもとめる。混乱から秩序へ、飢餓から豊満へ、時代はいま足早にあゆみはじめたかにみえる。まだ、前途には無数の障りがあるとはいえ、ともかくもヨーロッパが、進歩とか改新とかの語をつぶやくのは、たぶん初めてのことだった。さて、いざ、ヨーロッパの改新へ。

長い目でみれば、この改新のための準備は、着々とすすめられていたともいえる。崩壊したカロリング朝にかわって、フランスでは十世紀末に、ユーグ・カペーがあらたに王朝をたてていた。おなじことが、ドイツでも起こった。東方からの敵をくいとめたザクセン公ハインリヒは、十世紀の前半には王位にのぼり、その子オットーは、皇帝としての冠をうけて、ドイツ・イタリア帝国を建設していた。イングランドでは、アルフレッド王ののちも、統合への気運はつづき、デーン人の支配をはさんで、しだいに王国統一の実はあがっていった。そして、キリスト教会に希望の灯をともすクリュニー修道院が、十世紀初めにブルゴーニュの地に礎《いしずえ》をおいた。これら、ちいさな川は、やがて、十一世紀のなかば以後、巨大な流れのなかにつつみこまれてゆくことであろう。

2 農村文明の誕生――改新・その一

暖かくなった

すでに五〇〇〇年ものあいだ、ヨーロッパ人は農耕をいとなんできていた。だが、ほそぼそとである。森と湿地とにはさまれた耕地はせまく、土塊と石ころだらけだった。氷河のあとの土地は、いわば脱け殻だったのであり、しかも川口の沖積地はヨーロッパにはすくない。水田のように、水と有機質を毎年注入できるような耕地とはちがい、また人糞《じんぷん》を肥料とする東アジア世界ともことなり、ヨーロッパの土壌はやせている。とりわけ、主要な澱粉《でんぷん》質食品となるべき穀物は、はなはだしく低調だったとかんがえられる。一粒の麦種をまいて、翌春、収穫されるのはわずかに二粒前後。三粒をこえれば、上出来だった。一・五粒などということもある。むろんこの収穫のうち、翌年用の種麦を残さねばならない。これが、十世紀ころまでの、現実である。

改新への兆しは、まず天の恵みがはこんできた。ラウル・グラベールが歓喜の筆でえがいた、一〇三三年の好転はごく一時的なものであったろう。だがたしかに、十一世紀にはいって、じわじわと気温は上昇し、空気は乾いてきた。現代の古気候学者が樹木年輪読取や花粉分析の手法などをつかってそう推定している。もっとも上昇度はわずかであったろう。しかしなまの自然条件に左右されることの多い、初期の農業にあっては、ほんの一、二度の気温

麦作に励む農民たち

上昇が、マクロにみて、大幅な増収をもたらしたようにみえる。この高温は、十一世紀の中葉にはじまり、十四世紀の初頭まで、約二五〇年にわたってつづく。

気候の変動は、昔からあった。よい時候も、わるい時候もあって、繰りかえしてきた。だが今回の好転には、その恩沢を利用する、耕作者のがわの努力がつけくわわった。それは決定的なことである。

技術的改良の連鎖

三つの大きな技術的改良が、おこなわれたとかんがえられている。第一には、土を耕起する技術。ヨーロッパの土は、日本のそれのようにサラサラしていない。小石と土塊ばかりで、おまけに水はけが悪くて、重く堅い。その土を人びとは、鍬《くわ》でおこし、犂《すき》でほりかえしていた。非能率だった。十一世紀のころ、新しい犂がつかわれはじめたらしい。木製のヘラは、しだいに鉄製のものにとってかわられた。鉄をつかった農器具は古くからあったものの、ごく限られた範囲だけで普及していたのだが。さらにその犂は車輪を両側につけ、しかもふんだんに鉄をつかって、ふかく土をほりおこし能率的に外側へはねのけるように、工夫されていた。重量有輪犂とよばれるこの耕作具は、家畜によってひかれ、男があとからおしていった。

ついでのことに、家畜の力をつかう術が改良された。引き具の改良によって、馬は首をしめつけられずに、犂をひくことができるようになった。鉄は馬の蹄《ひづめ》にもつかわれた。また、ときには馬を前後につなげて、大きな力を発揮することもあった。タンデム二人乗り自転車とおなじ原理である。

第二の技術改良は、三圃制《さんぽせい》とよばれる。かつてヨーロッパの麦畑は、一年間の耕作と一年間の休耕とを、交互にくりかえす、二圃制という方式にしたがっていた。地力を維持するために必要不可欠の策であった。あたらしく登場した三圃制は、二年つづきの耕作と一年の休耕のサイクルを採用した。そのサイクルには、大麦やカラス麦がくみこまれ、くわえて休耕のあいだに生育する牧草もふくめて、家畜の飼料となった。放牧された家畜は糞をおとし、地力の回復に役立つ。理屈のうえだけからいえば、地表面の三分の二はいつも穀物がうわっていることになり、三割強の増収が期待されるはずである。じっさいには、成果はさまざまだったとはいえ、休耕地の減少の背景には、農産物にかける農夫たちの改新への心意気が、みなぎっていたのだった。十三世紀までに、収量は倍増したものとおもわれる。

第三の変化。これがたぶん、いちばん重大であった。開墾運動である。十一世紀以降、ヨーロッパはいたるところで、森を拓《ひら》き、沼を埋める音がひびいていた。樹をたおし、切り株をほりぬき、藪《やぶ》に火を放った。沼沢地に排水路をひいた。沼の底には有機物がたまっていた。海よりもひくい地方でも、地面がつくられていった。

新田の開発には、いろいろの方式があったという。大規模な事業のかたちをとるのも、農夫がこつこつと隣接地をひろげていったのも。鬱蒼《うっそう》たる森に、唐突にわけいって、力ずくで耕地をつくったシトー派修道会の開墾は、なかでももっとも、めざましかった。厳格な教義にしたがって苦行にいきる修道士は、助修士とよばれる耕作人をつかって、組織的な開拓にとりかかった。犂の改良や、三圃制の導入も、かれらの試みにおうところ多かったと、推察される。

ドイツ東部への開墾は、大規模だった。植民活動とよんでいい。エルベ川をこえ、ポーランドにちかい荒野にまでおよんだ。ときおりしも、イスラム教徒から土地をうばいかえしはじめたキリスト教徒は、イベリア半島の高原にも、新しい耕地をひらいていった。

技術はたしかに、長足の進歩をとげた。けれども、いったいだれがその進歩をささえたのか。そして、だれが進歩のおかげをこうむったのか。じつは、農地のうえの人間模様にも、大きな変動がおこっていた。

荘園、村そして……

それまでの農村でおもきをなしていたのは、大荘園の領主であった。おそらく数世紀をもさかのぼる時代から、この領主は農民を組織して、土地を耕させてきた。農民は畑にあつめられ、荘官の命令のもとに、集団で働いた。領主に属する土地を耕す農民は、週に三日ほども労役に徴用され、不平をいいつつ、重い土をほりおこした。おそらくこの荘園には、ふつうの農民にくわえ、数多くの奴隷すらくわえられていた。その昔のローマの農場と、なにほどもちがわなかったであろう。徴用からまぬかれた日には、農民は自分の糧《かて》をかせいだわけだった。このような農村のシステムを古典荘園とよび、徴用を賦役労働、領主の土地を直営地とよぶ。

古典荘園は、しかし九、十世紀のあの混乱のうちにゆらいでゆき、ついで改新の世紀をむかえると、もうひとつの荘園にとってかわられる。純粋荘園と名づけられる、この荘園にあっては、農民はもう領主の土地にかりたてられない。かつての直営地を分けあたえられた農民たちは、収量のうちから、ある比率を地代として領主にとどける。地代はきびしいものだったが、直営地で代官の鞭《むち》にうたれるよりは、ずっと満足できるものだった。それでもなお、あのシトー派修道院の領地のように、きびしいが効率的な直営地農場もあったが、大勢は純粋荘園に移行していった。さらには、その地代すらもが、はじめは農産物をそのまま納付していたものが、しだいに換金されたのちの貨幣にかわっていった。

それでも農民は、荘園の一員であって、領主の差配のもとにいる。地代ばかりか、いろいろの役務を負担していた。子女が結婚して

農民たちの仕事（写本の挿画より）

ほかの領地内にうつるときには、労働力の減少をつぐなう税をはらった。死んだ父から農地を相続するときには、承認とひきかえにやはり税をはらう。日常のこまごまとした規則に違反すると、領主の裁きをうけ、罰金をとられた。水車やパン焼き釜をつかえば、使用料を。あらゆることに、領主が姿をあらわし、なけなしの蓄えをうばってゆく。荘園の農民は楽ではない。

しかし、そのころ農民のほうはといえば、いっそう根本的な変化をつくりだしていた。村をうみだしたのである。それまで、場所としても、組織からみても、ばらばらに土地にとりくんできた農民のあいだで、村落ができあがった。まとまった集落、ちいさな礼拝堂、祭りの小広場、そのまわりに住まいの屋根がならんでいた。農耕にも生活にも、たがいの規約がつくられた。近辺の荒地や雑木林を共通の財産とした。その入会地の使いかたには、共同の約束がもうけられた。村落共同体という。かつてならば、氏族とか血族がとりしきっていたのだが、いまや村が農民の秩序となってきた。

純粋荘園は、基本的には、領主と村落とのあいだにできた制度だといってもよい。領主にとっても、村落にとっても、より有利な改新だった。技術の進歩を生産力につなげるために、充分によくしくまれた制度だった。農民からすれば、領主との分け前紛争をするまでもなく、生産力の向上を自分の蓄えにとりおくことが可能だったから。農業の高度成長が農民を富ませ、地代が作物から貨幣にかわると、ますます蓄財へのうながしが、現実味をおびていった。

生産技術と社会制度。このふたつは、いつもふかく結びつくが、農業の改新が進行しているこの三世紀のあいだ、歯車はみごとにかみあっていた。たしかに生産量は増大し、人口と富の蓄積とは急増した。その結果、ヨーロッパには正真正銘、農村文明とよべるものが誕生した。穀物ばかりか、農耕とむすびついた牧畜が地位をしめ、ブドウや蔬菜《そさい》、果樹がどれも、一角にくわわった。森は燃料や籐蔓《とうつる》をもたらし、食用の茸《きのこ》と豚の飼料のための果実をみのらせた。川は魚を、林は野鳥と野ウサギを。庭地には鶏が卵をころがし、犬が狼の襲来を警告している。

農民には、暮らしのゆとりがうまれる。余剰の農産物を週市《しゅういち》にもってゆく。祭りの喧騒《けんそう》のために、美味美酒をためこんでおく。農村文明とは、こうしてひとまとまりとなった、農民の暮らしぶりをいう。まだ森はいたるところあつく、技術はひくく、制度は窮屈だったものの、そこにはヨーロッパの環境と和睦し、さらにはこれを統御するような農村文明が姿をみせた。非常に遅ればせながら、ヨーロッパはいま農業社会の仲間いりをなしとげたことになる。

3　都市文明があらわれた——改新・その二

一一〇〇頃　ドイツの東方植民始まる

以降、フランスなどにコミューン都市生まれる
一一六〇頃　ロンバルディア都市同盟成立
一二〇〇頃　地中海貿易におけるヴェネツィア、ジェノヴァの勢力争い強まる
一二四〇頃　ハンザ都市同盟確立

市からの出発

現在でも、ヨーロッパの大都市に、市《いち》がたつ。野菜や花、卵や野鳥や川魚、そして籐籠《とうかご》や木工品が、ところせましとならんでいる。おそらく、一〇〇〇年昔のヨーロッパでは、そのような市がにぎわいを演じはじめていたことだろう。むろん、その存在ははるか往古の時代にさかのぼりうるが、いま十一、二世紀、市はにわかに活気を呈している。

農村にいくらかの余裕と余剰ができた。農民みずからが、または村にやってくる行商人をとおして、市に雑多な品々をもちこむ。物々交換か、もしくは貨幣をなかだちとして、農民たちはさまざまの生活具や生産具を、購《あがな》った。街道の辻や川の合流点など便利な場所が市にえらばれ、ちいさな礼拝堂前の広場の十字架の周囲に、野外市がたった。商いというのは、いつもこうして始まるものだ。

なかには、遠くはなれた土地から、めずらしい商品をもたらして、農民の気をひくものもあった。塩や鉄、陶磁器やガラスなどが、喜ばれた。なかには、はるか東方の国々からはこばれたとおもわれる香辛料までが、商人の荷箱のなかに蔵されていた。

ロワールの都市フールの景観

市は定期的ではあっても、毎日とはかぎらない。けれども、便利な地であれば、定住し店舗をかまえる商人もあらわれてくる。すでに数百年前から、たとえばローマ人の駐屯地だった町のように由緒あるところにも、あらためて市と商人とが居をさだめることがあった。

商いが改新をとげるとき、はたしてどちらのタイプの商いがより大きな役割をはたしたか。定着して在地の農民たちとのあいだに、小規模な交易をつみかさねる人びとか。それとも、数百キロ、数千キロかなたの地から、高価な品々をはこんでくる人びとか。前者を在地商人、後者を遠隔地貿易商人とよぶ。そのどちらに比重をおくかは、研究者のあいだで議論かまびすしい。だがいずれであっても、商業の改新は、この両者があいたずさえて進行していった。いったん軌道にのるならば、在地商業と遠距離商業とは、両輪として円滑な走行をささえる。

市がたつ町には、人間と品物とが集まった。だがそれにもまして、ものをつくる技術がたくわえられた。さまざまの技術がある。パンを焼いたり、家具を細工したり、布を織ったり、靴を型どりしたり、という技術は、さして高級ではないが、人間生活には不可欠だった。もうすこし高水準のもの、たとえば建材を打つ石工たちや、鉄細工を仕上げる鍛冶屋は、町のなかでも重きをなす。それに、タイルやつぼを焼く陶工は、たぶんアラブ人伝来の秘法をもちいて、重宝がられていた。

このような技術者や商人は店をかまえ、助手をやとい、仲間をつくった。ギルドとかツンフトとかよばれる親方集団がしだいに姿をみせ、手に技をもつ職人が重用されるようになってゆく。町は技術の集積場となり、その制作品は商品の価値をたかめて、取引されてゆく。

都市の生誕

いよいよ、都市の生成をかたるべき場となった。もっとも、ヨーロッパ全体をみれば、人間の密集居住地はかねてから、あった。ローマ人がやってきて繁栄をもたらした都市は、数多い。のちの代表的都市、ロンドン、パリ、ウィーン、ケルン、それにミラノ、マルセイユ、バルセロナ、みな古い履歴をもっていた。もうかつての繁栄は失われていたが、城壁をかまえて外敵の侵入にそなえ、いつでも発展のための核となるべき用意ができていた。

あたらしく生まれてきた都市の核もある。修道院や領主の城館が、門前・城下に人を集めていた。商人と職人とが、とりわけ群がった。そして、もっと平凡な出発点から、じわじわと成長してきた町がある。市をひらき、商人を定住させ、技術を集積させた町々である。十二世紀の段階で、以上のようなさまざまの町は、ほとんどまだほんの数千人の人口を擁するだけだった。ごくまれに、二、三万の数にいたるものがあるとすれば、もうヨーロッパの代表都市といえた。商業が充分に発達をとげた十三世紀には、もうすでにイタリア、南ドイツ、ライン川沿岸、北フランス、低地地方、イングランドそしてバルト海岸と、ちいさなきら星のように、都市の群れがかがやいている。

都市となるための条件がいくつかある。第一には、かなりの人口が城壁にかこまれた空間に集住すること。農村集落には城壁がないから、これははっきりとした標識となった。

第二に、そこに集住したものは、おたがいをメンバーとして認めあい、共同の規約にしたがい、一身をかけてともに安全をまもると誓いあうこと。じっさい、さまざまな侵犯者がいて、メンバーは武器をとることをしいられた。統制のとれた共同行動のみが、安全を保障した。農民たちのあいだに村の共同体がうまれていたときに、都市にあってもおなじような共同体がつくられるのは自然のことだった。安全や権利、利益と自由は、団体によってまもられると、人びとは確信していたのだ。

工房の指物職人（中世写本より）

第三に、第三者から都市として承認されること。だが、これは容易なことではない。商人や職人が集まり住んだといっても、その土地はかねてから、いずれかの領主の支配地であった。領主にとっては、領内に富んだ町がさかえるのは歓迎すべきことではあったが、勝手に独立されるのは、こまる。それでも、領主とたたかい、影響力を排除して、ついにはなかば独立した地位をもぎとる町もあった。自治の特許状をうけとり、これを証文として、法律上も租税の上からも、まったくひとりだちする場合である。イタリアや北フランスにいちじるしく、コムーネとかコミューンとか、よばれる。

都市の自由か

とはいえ充分の自治権をもたず、都市領主をいただいたままでも、実質的な発展をとげた都市もかなりの数にのぼる。また、国王から代官を派遣されながら、しだいに自立してゆく都市も多い。つまり、自治権の

シエナ市庁舎のフレスコ画《善政の結果》

ありかたは、想像以上に、さまざまであった。

「都市の空気は自由にする」という有名なことわざがある。農村から逃亡してきた不自由な農夫は、もしかりに一年と一日だけ都市内にとどまれば、はれて自由の身となることができた。農村は、荒れる大地と専横な領主のもとに、苦しみつづけていた。村にははなやかに身を立てるべき機会がとざされていた。これとは逆にうらやむべき自由を、都市は享受するとかんがえられた。自由（自治）都市の栄光が、ながらくかたられてきた。たしかに、都市の解放はヨーロッパの改新のめざましい一里塚であるかのようだ。

けれども近年、この都市礼讃はやや分がわるい。都市民は、誓約した共同体をつくったというが、じつはそのメンバーにくわえられない住民が、たくさんいた。多数の下層民は、都市にいながら、都市の自治のにない手ではない。それに、かの共同体は平等な資格と権利とをみなに配分していたのではない。都市のなかには、その外とおなじように、支配する階層がおり、逆に不如意のものもいた。裕福な大商人は幅をきかせ、いく代にもわたって都市を支配していた。つまり、都市にはそれ特有の不自由と抑圧があった。

都市、大陸の礎石

こうして、自由（自治）都市のほめすぎはかなりの反省をこうむることになってはいる。だが、制度としての都市の過大評価をつつしむにしても、十一世紀にはじまる都市の台頭が、ヨーロッパに大きな変動をもたらしたことはたしかだ。商人と職人とが、実力をつけていたとき、都市はかれらにとって、無上の舞台となった。商売相手が往来し、情報が恒久的に蓄積されてゆく空間を、都市が提供した。

空間としては都市は、きわめてせまかった。周辺の農村にかこまれた小島のようだ。うねるような曲線路に、塵芥《じんかい》がつみかさなり、家畜と人間の糞《ふん》が異臭をはなち、ほうぼうから異様な騒音がきこえていた。居所もさだまらぬ浮浪の者たちが、残飯をあさり、ときには喧嘩《けんか》や騒擾《そうじょう》に人だかりがしていた。このようにぶざまな空間ながら、それこそがヨーロッパにうまれたあたらしい文明であった。

都市文明とよぼう。この文明は、直接には土地にもとづかず、ただ土地がうみだした価値の上澄みを収集しただけである。けれども、一面ではまるで、広大な自然と敵対するかのような素振りをしながら、じつは自然と土地と農村とを、たくみに組織する術をこころえていた。都市と農村とを両極にわけるような愚をつつしもう。

だがたしかに、おなじころにうちたてられた農村文明とは、あきらかにちがう顔をもっていた。景観も人びとの気質も、制度もことなっていたが、さらに一言でいいくわえるとすれば、文明の形象がちがっていたのだった。農村文明はいまもなお、ヨーロッパの森の形象をあらわしていた。耕地も樹木も、河川もみな森の延長、もしくは森の変形であった。農夫は森という環境をいきつづけていた。

そのとき、都市は石の形象となった。堅固な構築のうちに生命をたたえ、大地と宇宙のあいだをとりもつ地上の富の収蔵庫。石は組みあげられて城壁と城門を、積まれて塔と聖城を、敷きつめられて街路と広場を、つくった。形があたえられ、意味がよみこまれて、都市はいまふたたび、改新された巨石記念物となった。ストーン・ヘンジは、あまねくヨーロッパに再生した。

森が農村文明にかたちをかえ、石が都市文明としてよみがえった。ふたつの文明の形象は、ヨーロッパを色わけするふたつにして、ヨーロッパをひとつに築きあげる二基の礎柱なのでもある。ヨーロッパはこの二柱のうえに、床面と壁と屋根とを架してゆくことであろう。

4　騎士と王たち――改新・その三

一〇六六　ウィリアム一世、イングランド王（〜八七）となる

一〇七七頃　ドイツ皇帝ハインリヒ四世、法王と争う
一一三七　アラゴン・カタロニアの連合王国
一一五四　ヘンリ二世、イングランドにプランタジネット朝を始める
一一八〇　フランス王フィリップ二世（〜一二二三）、王権を強化
一一九〇　ドイツ皇帝フリードリヒ一世、帝国の栄光を誇る
一二一三　イングランド王ジョン、法王に屈服
一二一五　マグナ・カルタ
一二二六　ドイツ皇帝フリードリヒ二世（〜五〇）、最後の栄光
　　　　　フランス王ルイ九世（〜七〇）、王権を伸張させる
一二三〇　カスティリャ・レオン両王国の連合
一二五四　ドイツ、シュタウフェン朝断絶、大空位時代（〜七三）
一二六五　イングランド、議会の成立
一二八五　フランス王フィリップ四世（〜一三一四）、法王と争う
一三〇二　フランス全国三部会召集
一三二八　フランス、カペー朝断絶
一三三九　百年戦争開始
一三五六　神聖ローマ帝国カール四世、金印勅書で混乱を収拾
一三九七　カルマル同盟。デンマーク・ノルウェー・スウェーデン三国連合

攻防戦の情景。さまざまな武器と戦術

封建制システム

カール大帝の帝国のころ、もうすでに戦士たちのあいだには、主従の間柄をとりきめる原則が、いちおうは確立されていた。騎乗して戦地におもむくものは、戦場指揮官たる主君にたいして、忠誠をつくすべきものとされた。そのかわり、主君は力のかぎりの保護をあたえ、また所領の一部を分けあたえて、暮らしと戦力とを給養させる。この戦士を従士、もしくは家臣とよび、分与地を恩貸地とよぶ。主君は複数の家臣をつれて、遠征に参加した。

国王は、多数の家臣をひきつれた名だたる豪族を重用して、それぞれに治領をみとめ、諸侯とした。諸侯は自力で生活をいとなむかたわら、治領での統治権を裁判のかたちで行使した。以上のような、王と諸侯と家臣たちのつくる法的なシステムを、封建制と名づける。だがそう定義するかたわらから、封建制にはいろいろの変種がとびだしてくる。そもそも、カール大帝の軍隊はまだ制度というのは性急すぎるほど、強力かつ粗野であって、封建制は定着していない。ほかの要素が多すぎるのだ。

だが、十一世紀。そこでは本格的に封建制の名をかたってもよかろう。主君と家臣とのあいだには、戦場でたがいに果たすべき役務が、はっきりととりきめられている。恩貸地は家臣の生活の資であり、容易には回収できない封土となった。王から諸侯、諸侯からさらに下位の侯、戦士にいたるまで、階梯《かいてい》がととのっている。このような抽象的な原理のことを論ずれば、封建制とははなはだシンプルな政治体制だということになる。

しかし、じっさいには、完成した封建制などどこにもないし、だれか理論家が明快に祖述したものでもない。十一、二世紀にいちおう出来あがったかにみえたとき、もう片方では壊れかけていた。その裂け目からにじみだしていたのは、おおむねつぎのふたつの主役であった。政治の改新は、この二者によっておしすすめられる。

騎士、戦う寵児《ちょうじ》

第一は、騎士である。その語はふるいラテン語だし、カール大帝の下でも戦士のあるものはそうよばれていた。だが、新しい騎士は、新しい衣裳《いしょう》を身につけていた。

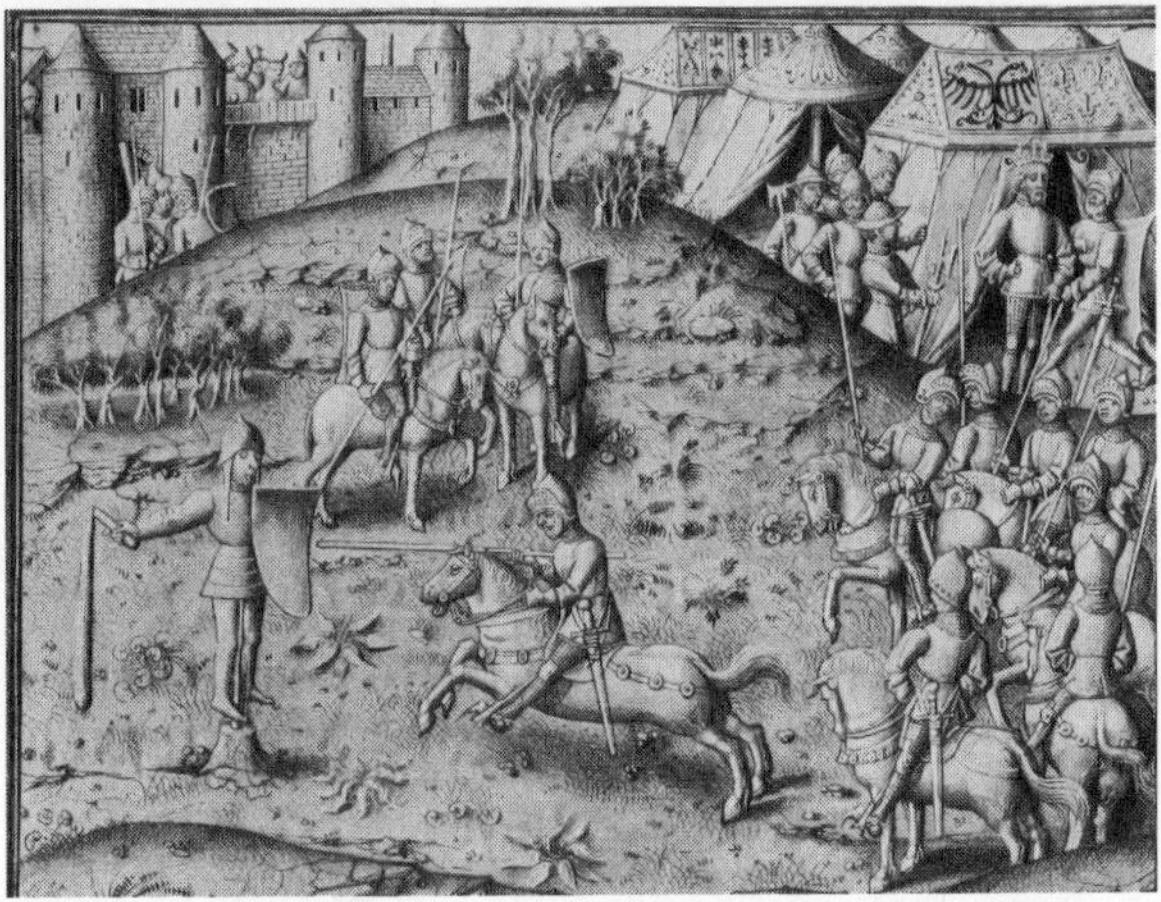

騎士の激しい戦闘訓練

騎士とは、馬に乗り、じっさいに戦闘に参加する戦士のことである。鉄の甲冑《かっちゅう》で全身をまもり、左手に楯《たて》、右手に槍《やり》、腰に剣をさげ、数人かそれ以上の個人的な召使い、従卒をつれている。むろん、これらはすべて自弁である。なかには身分のたかい戦士もいるが、このようなりをしているものは、ひとしく騎士といわれる。王すらもが、騎士を名乗るほどだ。

騎士は、封建社会の節目にいた。戦闘はかれらの力量で勝負がついたし、封のかたちをとった所領は、穀物をみのらせた。所領は先祖からうけつがれるのがふつうであり、そもそも騎士の身分も世襲されるようになった。

従士、家臣の身分は、時代や場所によってまちまちだが、騎士という名でよばれる身分には、ひろい共通性があった。ほぼ固定化して、かなり閉鎖化した身分、しかも名誉をもってかたられる雄々しい職務。騎士は時代の寵児となる。

騎士の勤務先は、城館である。戦闘がなくとも、一年間にきまった期間、主君の城におもむいて、警固にあたり、訓練に従事した。ほうぼうに諸侯貴族の城がかまえられ、塔のうえから領地を支配した。騎士はその城の守り手である。

いずれかといえば戦闘は、城の攻防が中心となった。籠城《ろうじょう》のための施設が工夫され、食糧や水がたくわえられた。堀や掛け橋、矢狭間《やはざま》が巧妙につくられた。攻め方は、しばしば大きな犠牲をはらいつつも、城門を破り石垣をのぼる。台車つきの梯子《はしご》やら、火のついた矢をはなつ弓が動員され、神経戦が重んじられ、スパイが放たれた。騎士には、しかしどちらかといえば、広野の合戦のほうが望ましかった。馬上凜々《りり》しく、敵将に一騎打ちを挑む姿は、騎士の鑑《かがみ》とあがめられた。馬の肩がぶつかり、槍が敵兵のノドをねらう。四〇キロもある重装備をつけたまま、馬上から逆さまに転落する騎士たち。

騎士は、象徴的な地位である。地位につくさいの叙任式は、荘厳な儀式をともなう。かれは、主君ばかりか、もうふたつのものに忠誠奉仕をつくす義務を負う。神と貴婦人である。神の栄光に資する戦いには、すすんで参加し、貴婦人の用命にはけっして抗《あらが》わない。城内では、模擬戦闘がおこなわれ、懸想する婦人の名誉をかけて、演技場にのりこむ。これが騎士たちの公的な仕事である。じつに広きにわたり、そして充実している。

騎士道精神などというかたちで後世まで生きぬくほどに、騎士はその時代をとらえた。戦うことが治めることであり、戦いが諸文化の交点にあることを自覚した人びとが、社会を新しい色にぬりかえた。封建制というあいまいで、内実がとらえがたい制度に、明確な像をあたえ、ついにはひとつの理想的人間像までも、彫りあげたのは、騎士たちの功業であろう。

国王、辛苦の足どり

第二の主役の話をしよう。

封建社会はいつも、不断の戦闘にみちていた。所領紛争は実力で決着がつけられるし、名誉・不名誉の果たしあいも、そうだった。かつて、ゲルマン部族法が氏族集団に課していた自力救済（フェーデ）の原理が、そのままで継承されていたからである。腕力か武力にうったえて、利益と権利をまもるのは、許されたばかりか、むしろ強要された。復讐《ふくしゅう》の無限の往復が、社会に不安と勇気とを、あたえていた。

しかし、西暦千年のころの、ラウル・グラベールの証言をおもいかえそう。自力救済にうったえる当の本人はともあれ、私闘のとばっちりをうける方は、たまったものではない。教会の力にうったえて、戦闘を制限してもらうというのも、賢明な方式だ。神の平和とか神の休戦とかよばれる、フェーデ停止令がだされるようになった。十一世紀のことである。まだこれは、民衆と教会が結託した散発的な運動だった。だがやがて、この成果をたくみに盗みとるものが出現してくる。国王である。第二の主役とはこの国王だ。

それまで、王はどこでも、名目的な主人公にすぎなかった。カール大帝を鑑《かがみ》とした王は多

フランス王ルイ９世。理想の国王

いが、名実ともにはるかに劣った子孫であった。封建社会では、王はほかの諸侯とならぶ有力者のひとりにすぎなかったが、私闘の停止をもとめる公共の大義をふりまわすには、絶好の位置にいた。むろんことの成否は、当の王様の器量にかかっていたが。まだあまり、人々の耳には熟していない、「公共の大義」を名目にしながら、王は封建制を自分の利益にあったものに改造してゆく。封建王政とよびならわしている。

もともと封建制となじみにくい王権は、公共やら、キリスト教やら、正義やらの標題を、封建社会の内部にひきこんで、ようやく政治の改新の中心の座にちかづく。つかいうる政治的資源は、すべてもちいた。十三世紀になると、ときに王は聖化され、尊崇されるが、これは貴重な財となった。その世紀末には、専門の法律家が登場するが、かれらは俸給をあたえられて王政のために勤務する。もう、あえて官僚制とでもよびたいような人的機構も、うっすらとみえてくる。

王の個人的財産、つまり王領地を、婚姻策や陰謀をもちいて、倍増させること。重大刑事事件の裁判による罰金。関税や通行税として都市からあがってくる納入金。封建王政の王たちは、じつにこまごまとした収入と機構を、かきあつめ駆使して、すこしずつ権力の量を大きくしていった。

フランスのカペー朝国王は、ルイ九世とその孫フィリップ四世の時代に、最大限の伸張をなしとげる。ドイツのシュタウフェン家は、皇帝の権威を背として、いささか古めかしいが安定した王権をいとなんでいた。一二五四年、同家の血統がとだえて、ドイツ諸邦に混乱が到来したのは不幸なことだった。ノルマン征服でイングランド王権をうばったウィリアム一世は、大陸の封建制を、王権にとって好都合に裁断して輸入し、いちはやく頑強《がんきょう》な王権をきずいた。マグナ・カルタから議会の成立まで、イングランドでは、王と諸侯（バロン）との、綱のひきあいが続くけれども。

都市群が独自の連合体をなした、イタリアと低地地方をべつにすれば、どこでも封建王政が展開していった。イベリアのカスティリャ（レオン連合）王国とアラゴン（カタロニア連合）王国、デンマーク、スウェーデン、スコットランド……、それぞれの政治史がいとなまれた。

5　分極抗争のなかのキリスト教——改新・その四

五二九　ベネディクト修道院の創設
一〇五四　ローマ・カトリックとギリシア正教、完全分離
一〇七六　聖職叙任権争議、始まる
一〇九五　クレルモン公会議、十字軍の勧請
一〇九八　シトー派修道会創立
一一一八頃　十字軍騎士団、相次ぎ創設
一一二二　ウォルムスの協約。叙任権争議決着
一一九八　法王インノケンティウス三世（〜一二一六）、法王権の絶頂
一二〇〇頃　ボローニャ、パリ、オックスフォード等の大学成立
一二〇八　異端カタリ派への十字軍
一二〇九　フランチェスコ修道会創設
一二七四　最大の神学者トマス・アクィナス没（一二二五〜）
一二九四　法王ボニファティウス八世、フランスと争う（〜一三〇二）
一三〇九　法王庁アヴィニョン移転
一三七八　教会の大分裂。ローマとアヴィニョン対立（〜一四一七）

一三八一　ウィクリフの登場
一四一四　イングランド、ワット・タイラーの乱
一四一五　コンスタンツ公会議
　　　　　フス処刑

集中と分散

はるか東方の沙漠《さばく》のなかで誕生したキリスト教は、ローマ帝国とともに、ヨーロッパの宗教となった。ゲルマン人は教化され、福音が全地にひろまった。むろん、その間に流された殉教の血はおびただしく、その血は聖なる犠牲として、記憶にとどめられた。

だが、ビザンツ帝国がそうであるようには、ヨーロッパはキリスト教世界とはなりえなかった。なによりも当面、先進文明圏たる東方の帝国にくらべて、社会の成熟はおくれ、キリスト教は社会や国家の懐ふかくくいこんで、統合力を発揮しえなかったからである。いくたの信仰の達人をうんだとはいえ、西暦千年の秋《とき》まで、この低調は、疑うべくもなかった。

さて、ついで十一世紀以降の改新の時代がおとずれたかにみえる。だが、はたしてキリスト教会は順調に、「統合された唯一の、普遍的な体系」に成長していったであろうか。そもそもカトリックとは、そのような体系の意味だったのであるが。じつは、カトリック教会は、かえってこの時代、あい対立する諸力、諸極のあいだで、分裂のいたみにさいなまれていた。ヨーロッパ内だけについても、四つのことなった分極があったようにみえる。順にみ

てゆこう。

法王と司教

第一の分極は、教会全体のなかの集中と分散とである。ヨーロッパ・キリスト教は、ローマ法王によって集権的に統一されていると、推測されている。だが、それは実像とはちがう。使徒ペテロの継承者たるローマ司教は、教会の首長と称されたが、なかばは自称にちかい。当事者たる聖職者の考えでは、教会はむしろ約三〇〇ほどある司教区の

石造教会堂の建設。大事業である

連合体であり、じっさい、法王もローマ司教としてこれに加わっているだけのことであった。神と人とのなかだちをする聖務者としては、たしかに司教はみな平等なのであった。

そのような司教連合体の発想は、教会の内外で紛争がおきるたびごとに、表面化する。十

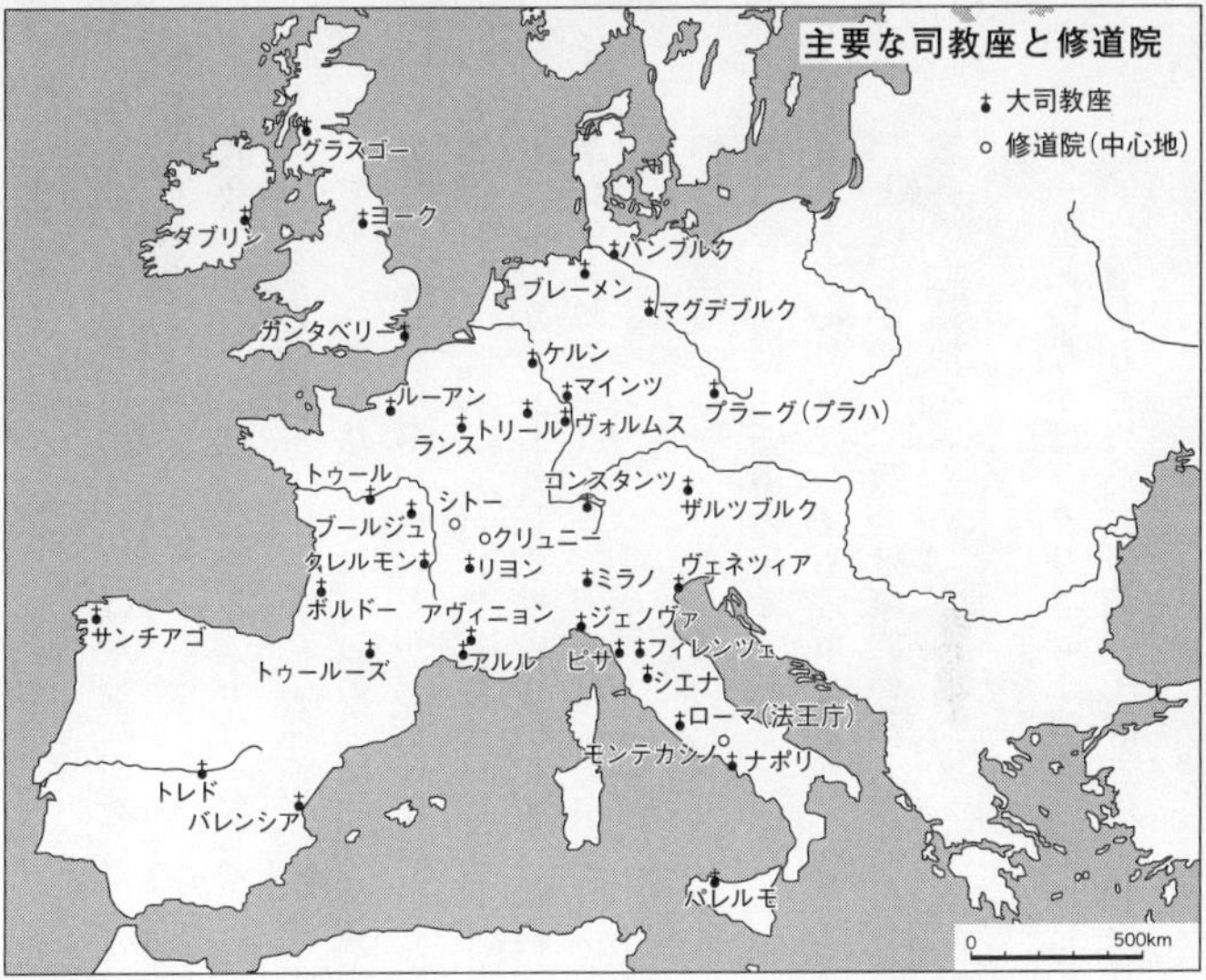

主要な司教座と修道院

一世紀の聖職叙任権争議、十二、三世紀の交におこなわれた法王インノケンティウス三世の諸事業、そして、十四世紀のアヴィニョン法王庁設立とそのごの大分裂。司教連合はつねに、法王庁への対抗勢力として、重きをなしている。

だから、法王はやがて、名実ともに教会の首長たるべく、強力な武器をさがしもとめる。法王は「教会という人間組織においては、国王のごときものである」という原則がその拠りどころだった。裁判や立法の組織をもち、それを運用する官僚をそなえた、教会国家。世俗のどの国家もおよびもつかなかった「国家」機構を実現しようとする、大胆な企て。法王はこの企てを、十三、四世紀のころに、あらかた成功させてしまう。聖務としては対等な司教も、教会国家のなかでは、組織の一員として法王に服従すべきである。

教会（カノン）法の装置と、十分一税収入の上納、そして違反者にたいする処罰報復という、いささか信仰にもとりがちな手段を多用して、教会は急速に、集中化された組織となる。アヴィニョン法王庁は、この発展の到達点ともいえる。

抵抗はたしかにあった。だが抵抗線は後退したかにみえる。しかし、法王庁がしばしひるんだ隙《すき》に、たくわえられた抵抗エネルギーは噴出する。十五世紀に続出した公会議運動――これはぬりかえられた司教連合体の主張でもあった。そして、ついにとりかえしのつかぬ大変革がひきおこされよう。十六世紀の宗教改革である。

神聖と世俗

第二の分極は、聖俗の分極である。

近代人であればだれでも理解できる、聖俗のきっぱりとした区別は、かつてのヨーロッパにはとぼしかった。教会は豪族の私人がたて、その聖職者に一族のものを任命した。聖職者は教会の大領地をおさめ、富みさかえ、ときに結婚もした。それを堕落と責めるべきであろうか。

十一世紀のなかば、クリュニー修道会をはじめとする改革者たちは、この堕落をあえて攻撃し、改革をもとめた。聖職叙任権争議に発展したこの改革は、聖職者とその集団を、世俗社会からきりはなし、さらにはいずれかといえば、教会の信仰と倫理による社会全体の改組をも、めざしたものであった。この試みはなかば成功した。キリスト教会は、世俗世界とはちがった、独自の組織だとみとめられたのである。

ところが、教会は信仰のこと、心の内面のこと、といった分別《ぶんべつ》だけにとどまりはしなかった。教会は、みずからの財産を膨大《ぼうだい》にたくわえ、これを管理する。ひとの世俗生活のなかにくいこんで、忠誠をもとめ賦課を納付させる。教会は、国王や諸侯とひとしく、領主であり統治者であった。

教会と国家、もしくは法王と国王の争いが、いつも複雑なかたちをとるのは、そのためである。しかも、国王のほうもまた、自分は聖なる職務をつかさどると、のべたてるものだから。法王グレゴリウス七世と皇帝ハインリヒ四世、法王インノケンティウス三世とフランス王フィリップ二世やイングランド王ジョン、法王ボニファティウス八世とフランス王フィリップ四世。これら、宿命の対決は、ことごとくそうであった。聖俗紛争は、そのたびごとにキリスト教会をも世俗社会をも、両極にひきさき、混乱をもたらした。

集権的組織をいちはやく実現していた教会のがわは、しばしば相手方の虚をついて、勝利をおさめた。だが、その勝利はにがく、けっして、世上いわれるように、キリスト教の威光を背にして、堂々と勝ちほこったのではない。というのも、聖俗紛争は、あくまでも、似たもの同士のペアのあいだの争いであり、そのために教会もまた勝利のために、身を汚すことになったためである。その汚れはやがては、成長した世俗国家によって清拭してもらわねばならなくなるであろう。

修道と司牧

第三の分極は、教会をじっさいにささえる人びとのあいだの分極である。どんな宗教でも同じことだが、信仰にはふたつの機能がある。いま、ここでは、修道と司牧のふたつとよぼう。

修道とは、信仰の奥義をきわめ、神秘の道に達しようとする厳しい修行のことである。三世紀ころには東方から伝えられ、六世紀には聖ベネディクトによってヨーロッパに定着されたという。そのごも、さまざまの形をとった修道が、アイルランド、イングランド、そしてフランス、ドイツ、イタリアに拡がった。低調をつづけるキリスト教世界にとって、この修道は希望の灯であった。西暦千年をすぎてもおなじように、宗教のエネルギーのほとんどはここにたくわえられている。

修道の場を修道院、その人を修道士という。厳格な生活規則にしたがって、神への道をふみおこなった。祈りをささげるばかりか、みずからの暮らしを、自分の労働でたて、信仰の学に励んだ。十二世紀には院数も、六〇〇というほどにのぼり、教会内での影響力は抜群と

神聖なテクストを朗唱する修道士たち

なる。叙任権争議でのクリュニー修道院の例にみるように。

そのごも、十二世紀にシトー会、プレモントレ会が、十三世紀にはフランチェスコ会とドメニコ会などがうまれる。多くの改革精神がここで沸騰した。学問の華は、その文書庫でひらいた。働く修道士は、農耕や産業の技術の最先端をはしりぬいた。まさしく修道院は、キリスト教会の屋台骨をささえている。

これにたいして、司牧とは、一見すると、もっと凡俗な仕事である。一般の信徒たちを、救済にみちびくこと。人の一生、一年のめぐり、それらの節目に、神の加護をさずけること。むろん、けっして凡俗ではありえない。キリスト教会は、原則上、すべての地上をちいさな断片に区分して、それぞれに司牧の司祭をおいた。かれは、その地のすべての信徒についての責任をおっていた。どうみても、修道士より実り多い仕事のはずだった。

ミサを奉納する司祭

ただし、以上のことが、原則どおりにおこなわれれば、の話である。司祭と一般信徒とのあいだは、じっさいはかなり疎遠だったと思われる。しかも、司祭はといえば、ろくにラテン語もよめず、常勤の司祭などみあたらない町村のほうが、多かったであろう。だから、不信仰の民衆はいつまでも教会の外にあり、他方、熱心な信徒はといえば、有徳の修道士の説教の方についていったことだろう。

司教の権力は、たてまえ上は、この司牧の組織のうえにたっていたのだから、はなはだ脆《ぜい》弱《じゃく》だったと推測できる。かくして、強力だが個人志向の修道院と、基盤は広いが実効力のうすい司牧制度との、両者に股をかけて、キリスト教会はあやうい歩みをつづけることを、強いられる。これが、「篤《あつ》い信仰の時代」の現実であった。

正統と異端

第四の分極、それは正統と異端。十一世紀からのち、じつに多くの異端事件が発生した。おおまかにいえば、ふたつの種類の異端がある。キリスト教倫理と理想の、より厳密かつ直接の履行を主張する異端。清く貧しい初代の使徒たちの生活を鑑《かがみ》とし、法王も司教の権威をもみとめぬラディカルな信仰と伝道にまでもつきすすむ。もうひとつは、世界の終末を予言する異端。現世のうつろな繁栄に警告し、悔いあらためて、切迫する最後の審判を待て、と命ずる。多くの異端は、その両方の性格をもっていた。

十二世紀から十四世紀初頭まで、教会当局は、異端の処理に忙殺され、たじろいだ。ことに、南フランスのカタリ（アルビジョワ）派異端などの退治のためには、大規模に世俗国家の武力のたすけをもとめた。

ある異端には鎮圧を、べつのものには説得と改宗を。教会はさまざまな手段を援用するうち、おのずと正統としての自覚をうるようになってゆく。教義も制度も、それの適用の手だてや防衛の技術も、洗練されていった。正統は異端からまなんで、大成してゆく。異端のほうはといえば、その正統教会にたいして、ますますいらだつことであろう。

異端騒動は、十四、五世紀の交に周辺ヨーロッパたるボヘミアとイングランドで大激発をみたあとは、終息したかにみえる。だがつぎに勃発《ぼっぱつ》したときは、もう宗教改革そのものとなってしまった。

改新のあいつぐ時代なのに、キリスト教会は、このように抗争し競合する分極によって、ひきさかれていた。だが、その混乱は、けっしてキリスト教会に死をもたらすことは、なかった。いなむしろ、対立と分裂こそが、キリスト教を前進させるのに役立った。熱度の低い安定か、灼熱《しゃくねつ》する騒乱か。あえていえば、その前者は先進のビザンツ（ギリシア正）教会に、後者は、改新の時代をむかえたヨーロッパ・キリスト教に、それぞれふりあてられる。分極抗争のなかの発展、弁証法的とでもいえるような、そんな道筋のなかに、ようやくキリスト教は、自己の姿を発見したかのようだ。

そびえたつ教会

十一世紀からつぎの数世紀間に、キリスト教は偉大な産物を、うみおとした。それらには、いまなおヨーロッパの歴史的財宝として、熱い眼がそそがれている。宗教教義の解明にむけて結集した知者たちは、いままであれば哲学と名づけられる体系をあみだし、そこから、科学や法学、政治学、歴史学にいたる知の全領域を眺望しようとした。スコラ学とよばれる巨大な体系である。凝縮した全体的な知の構築こそ、七〇〇年をこえるのちのヨーロッパ知性史の出発点といわれるにふさわしい。だが、そんな帰結を予想だにしなかった人びとは、たとえトマス・アクィナスであれ、みな当代のはげしい論争に身をゆだねていた。教会と政治にまつわるさまざまの改新と抗争とが、スコラ学をみがきあげ、みごとな大成にまで到達させたのである。

大学の教場。私語や居眠りの学生も

おなじころ、ロマネスク、ついでゴシックの建築様式がうまれた。はじめて自前の美的表現技術を獲得した人びとは、教会堂に壁と柱とを高々とうちたて、絵ガラスの神秘的な窓をはめこんだ。豪華美麗に神の家をかざることは、人間にとって栄誉ある義務だと信じられた。だが、そのような大事業が可能になったのも、もとはといえば、都市の経済力と職人の技術力とが幸福な結婚をとげ、キリスト教をめぐる主導権のうばいあいが、あらたな記念物の建設をうながしたからである。永遠の美は、この改新の時代の空気のうちでうまれたものだった。

6　地中海への挑戦――改新・その五

一〇二〇頃　ノルマン人、南イタリアに侵入
一〇七〇頃　セルジューク・トルコ、西アジアに進出
一〇七一　南イタリア・シチリアにノルマン人公国成立
一〇八五　キリスト教徒、スペイン、トレドを奪回
一〇九六　第一回十字軍出発
一〇九九　イェルサレム陥落
一一三〇頃　シチリア王ルジェロ二世（〜五四）、全盛を誇る
一二〇四　第四回十字軍、コンスタンティノープルを占領
一二四〇頃　スペイン、アンダルシアの再征服進行
一二九五　マルコ・ポーロ、中国から帰る
一三〇〇頃　地中海航海革命の達成

変動への予感

一〇七〇年の前後、ヨーロッパでは叙任権争議がぬきさしならぬところへ、かかってい

た。ながらく、鈍感な生を営んできたヨーロッパは、改新の世紀の幕明けにのぞんで、過敏ともいえる感受性をとぎすませていたかのようだ。

ヨーロッパの南岸で、三つの事件がおこった。第一にはイベリア半島で。コルドバに都する後ウマイア朝の崩壊のあと、諸小国が分立していたイベリアに、北アフリカから強力な侵入者がおとずれた。ムラービト朝は、モロッコ・ベルベル族のイスラム教国であり、厳格で熱情的なイスラム改革を主導してきた。十一世紀中葉から北アフリカに覇《は》をとなえ、ジブラルタル海峡をわたり、すみやかにイベリア半島の南半分を、征服した。これまでの温和でゆたかなイスラム文化にかわって、戦闘的なベルベル人王朝は、さしあたりの敵対者キリスト教徒に、非寛容にたてついた。イベリアの冷戦の再開である。

第二には、南イタリア。かつて、ノルマンディーに定着していたノルマン人の一派が、はやくも十一世紀初めには、南をめざして流浪し、海路をへて、南イタリアに達していた。そこは、イスラム教徒アラブ人と、ビザンツ帝国のギリシア人がわけもつ、豊饒《ほうじょう》の地であった。ノルマン人の豪族ロベール・ギスカルは、手兵をつれて占領地をひろげ、ローマ法王の援助のもと、ついにこのふたつの先住者にいどんだ。一〇七〇年代には、メッシナとパレルモが陥落して、地中海でもっとも要衝の地、シチリアはキリスト教徒の手におちた。それも、新来の蛮人、ヴァイキングの子孫が、あらたな主の座についたのである。

第三は、南方というよりは、その東方、パレスチナ。イスラム教徒と東西のキリスト教徒とのあいだで、暗黙の共同聖地であったパレスチナに、十一世紀の前半、あらたな支配者が

シチリア・パレルモの王宮礼拝堂

むかえられた。新来のトルコ人は、セルジューク族トルコである。新来のトルコ人は、バグダードからパレスチナへ占領地をひろげ、一〇七一年にはビザンツ帝国軍と戦って、これを大破した。軍事的天才に、周辺はおののいた。セルジューク族は、イスラムの宗教的情熱よりは、むしろ戦闘上の合理性のゆえに、キリスト教徒の聖地来訪を妨げた。

一〇七〇年代前後に、地中海の東西でおこった三つの事件は、それ自体、おたがいに関連をもってはいないようにみえる。だが、そのどれもが、ふたつの宗教、あるいはふたつの文明のあいだの、非寛容な情熱の衝突の拡大を予告するかのようにみえる。いったん平衡に達したかにみえる両者の関係は、あたらしい攪乱《かくらん》要素をむかえいれる。

そして、ヨーロッパはといえば、改新にむけてのエネルギーが噴出しかけており、しか

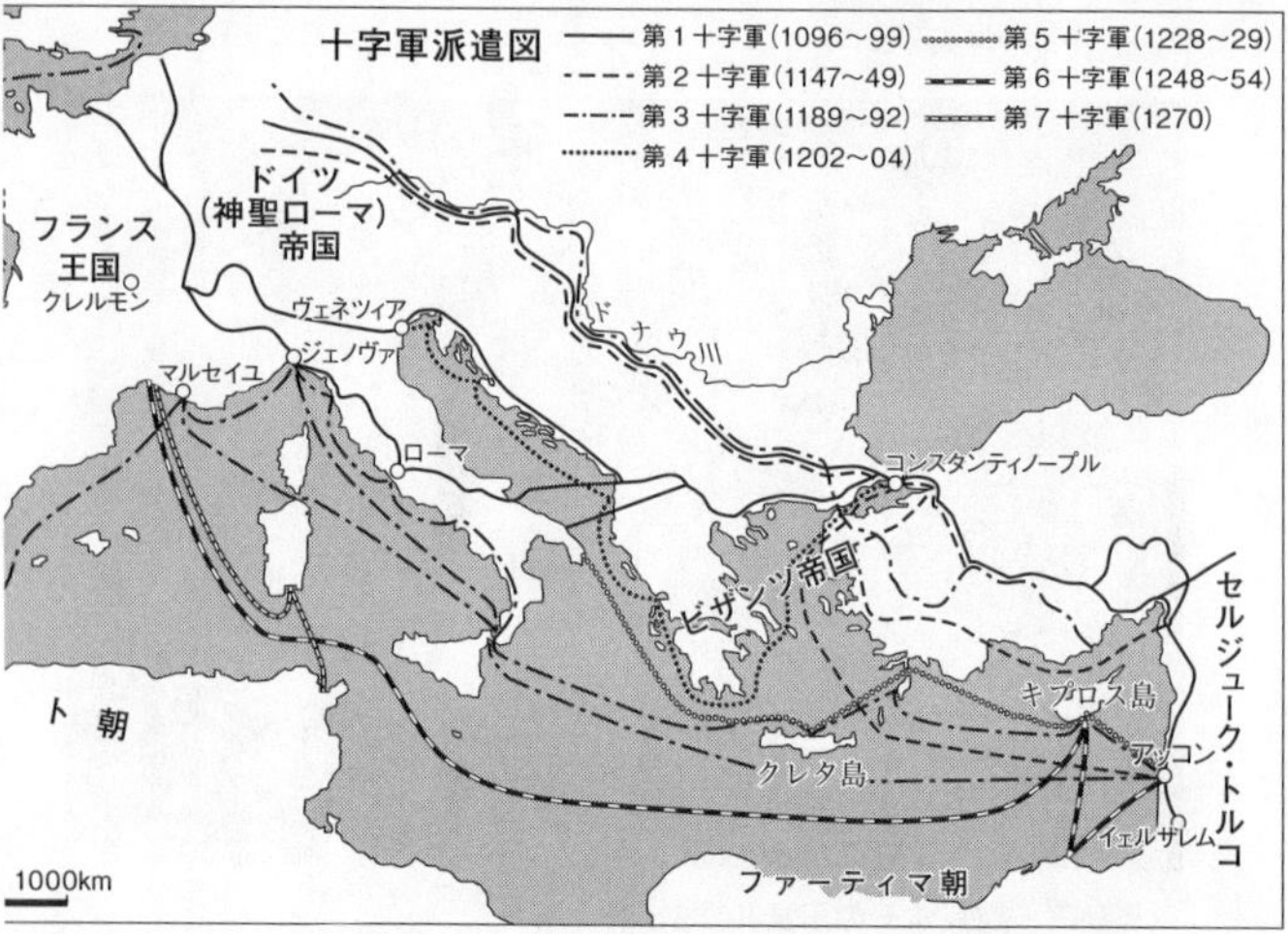

も、ときおりしも、過敏なまでの感受性がみなぎっていた。なにがおころうとしているのか。

十字軍の帳尻

第三の事件のそのごからみよう。清新な軍事的エネルギーをそなえていたセルジューク族の標的は、ビザンツ帝国にむけられた。帝国は危地におちいった。このとき、西方のキリスト教の首長は、東方帝国への援助を企図する。それは、従来までの東西教会関係を、みずからに有利に転換させる好機ともなりうるであろうし、また叙任権争議でしめした主導権を、さらに宣明するものとなろう。そして、聖地への巡礼交通にたいする阻害をも排除して、ヨーロッパ・キリスト教の展開にも資するはずである。

一〇九五年、クレルモン公会議における、

十字軍兵士（中世の写本より）

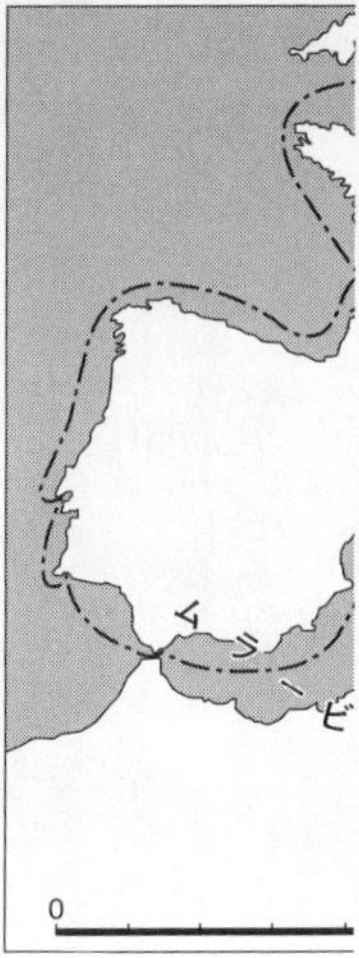

ウルバヌス二世の十字軍勧請は、以上のような脈絡のもとで、おこなわれた。熱狂的な騎士や民衆が、十字軍に参加し、ヨーロッパにとって最初の軍事遠征が、開始された。二〇〇年間にわたり、前後七回（もしくは八回）、十字軍は大部隊を東方におくった。具体的な経過は、上掲図をみていただこう。

一〇九九年、待望の聖地イェルサレムが、セルジューク族の手から奪取され、パレスチナ一帯に、四つのヨーロッパ人国家がたてられた。一二九一年に最後の一片が再奪回されるまで、転変をへて存続した。エジプトの英雄王サラディンとのわたりあいとなった第三回十字軍や、ヴェネツィア商人の圧力のもと、聖地ならぬ、ビザンツ帝国の首都コンスタンティノープルを攻めた第四回など、話題はつきない。また、少年十字軍をはじめとする、非公認の民衆十字軍が、法王や騎士たち

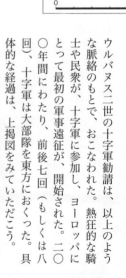

の意図をこえた、宗教的情熱のありようを、かたっている。

それがもたらした軍事的成果としてみれば、十字軍は、さしたる大事件ではない。二〇〇年間もの継続期間のうち、じっさいの戦闘はわずかだった。十字軍の開始は、それを勧請した法王の権威をたかめ、その敗退は、法王の権威を没落させたと、説かれているが、いずれの場合にせよ過大評価はつつしみたい。法王なしにも、十字軍は可能だったのだから。

見方をかえて、十字軍を長期にわたる集団巡礼とみたらどうだろう。キリスト教徒は聖地にもうで、感動をあらたにした。社会的指導者たちが、この海外体験を、ヨーロッパにもちかえった。むろん、一般の巡礼者とともに、異世界の驚異にうたれ、旅土産《みやげ》として、ときにはまがいものの聖遺物をうりつけられた。その土産は、新設の教会に、宝物として鎮座している。十字軍の効果は、のちにみる経済的側面をべつにすれば、このような文化的な衝撃と反応とにおいて、いちばん大きかったように、思われる。

多産なレコンキスタ

つぎに、イベリア半島のそのごをみよう。イスラムの挑戦をうけて、キリスト教徒のがわから、領土奪回の気運があらたにまきおこった。かつてのキリスト教王国西ゴートの首府トレドの攻防は、山場となり、伝説上の英雄エル・シドをうんだ。この戦闘は、一〇八五年、キリスト教側の勝利におわった。

八世紀、イベリア半島の北隅においこまれたキリスト教徒は、そのご徐々に反撃し、いく

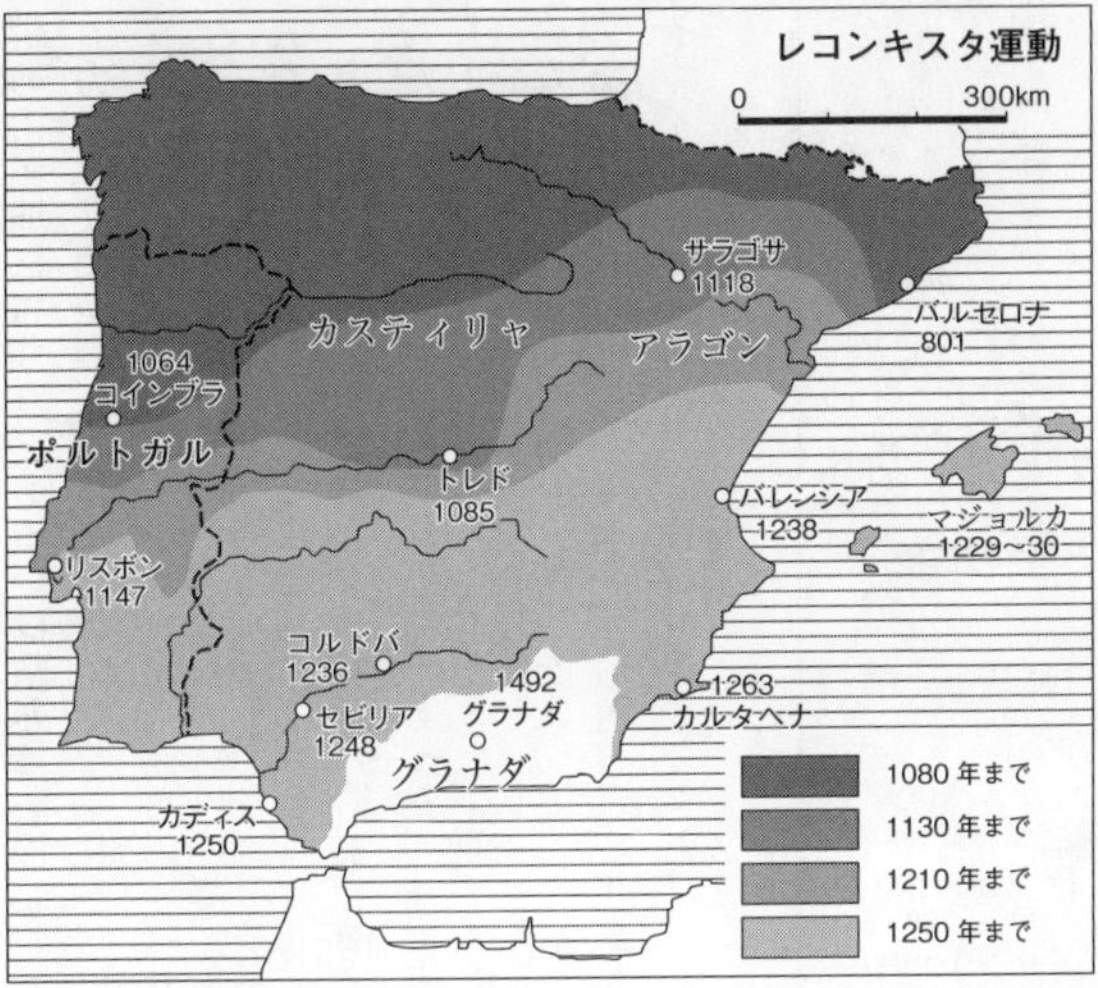

つかの小国をうみおとしていたが、このトレド陥落は、一画期をなした。領土再征服（レコンキスタ）と称される軍事行動は、間歇《かんけつ》的につづけられ、十三世紀中葉には、グラナダ周辺をのぞく、全半島をうばいかえした。ポルトガル、カスティリャ、アラゴンのおもな三国は、この征服の余勢をかって、やがて、半島から海外へ雄飛してゆく。

　レコンキスタは、ヨーロッパ人が南方にむけておこなった仕掛けのうち、ただひとつ実効のあがった軍事行動である。だが、数百年にわたるレコンキスタは、勝利がもたらした領土の拡張よりは、膠着《こうちゃく》の長年月がヨーロッパにもたらした恩沢のほうが、はるかに大きい。キリスト教徒たちは、みずから敵の占領地に居残り、あるいは敵と境を接し、そして敵を支配地内に残留させつつ、イスラムの先進文明から、おびただしい学習をした。化学、土木技術、窯業《ようぎょう》、医術、古代哲学、天文学。これらはアラブ人やユダヤ人から、イベリアのキリスト教徒がまなびとったものである。これらの情報や技術は、おりしも改新をつづけるヨーロッパの産業や学知に、はかりしれない推進力をあたえることになる。

　第三に、シチリアでおこった事件の結末。南イタリアとシチリアが、ノルマン人の手に落ちたのは、シンボリックな事件であった。それまでも、地中海の航路はイタリアの港にむすびつけられてはいた。アマルフィ、ナポリ、バリなどは、コンスタンティノープルから、珍奇な品をうけとっており、独占をたのしんでいた。だがその交易は、いかにも相手方主導の受身のものであった。南イタリアから、ビザンツ勢力、イスラム勢力が排除されると、ようやくイタリア都市に、好機がめぐってきた。シチリアのパレルモは、重要な地位をしめるようになった。パレルモを首府とするノルマン王国は富みさかえ、トレドとおなじようにここでも、多くの先進文明がキリスト教徒に教示された。

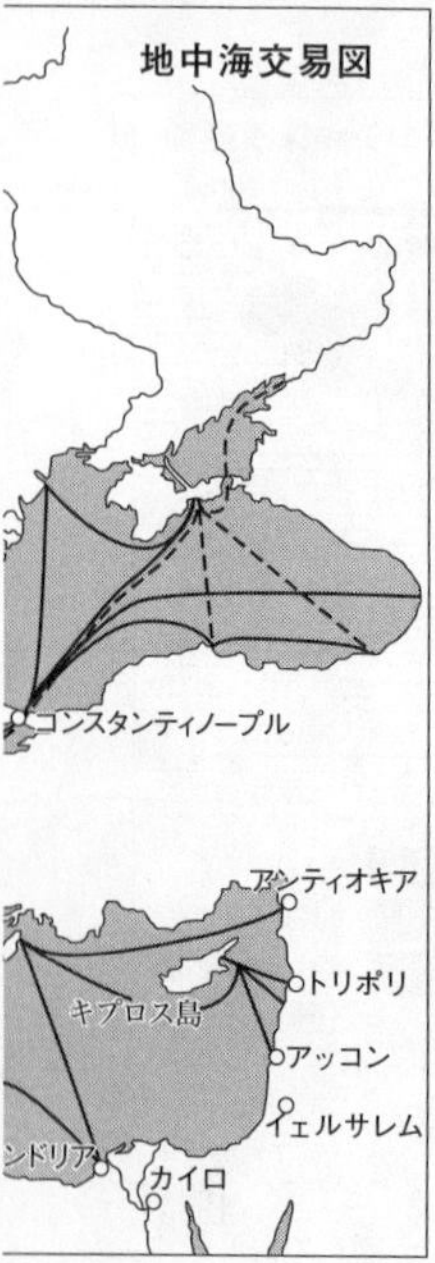

海へ、われらが海へ

イタリア側の主役が、かわった。ヴェネツィア、ピサ、ジェノヴァが、急速に成長した。十字軍と聖地巡礼とは、これら海港に、絶好の機会をあたえた。兵員運搬にかかわり、かたわら商路をひろげた。いまや、東方との貿易は、対等のものとなり、やがては上手《うわて》をゆくようになる。

コンスタンティノープルと黒海の港、それにアレッポやパレスチナ、ダミエッタ、アッコン。重要な港にはイタリア商人の商館がたてられた。ヴェネツィアとジェノヴァというふたつの仇敵《きゅうてき》同士は、各地で競いあいつつ、力をたくわえていった。第四回十字軍のさいのヴェネツィア商人のスキャンダルぶくみの暗躍の背景には、ジェノヴァとの商権争いがひそんでいる。かれらは、キリスト教徒ばかりか、むしろ好んでイスラム教徒と取り引きした。カイロとアレクサンドリアは、ヨーロッパ人が出入りする、栄えた町であった。

東方から輸入される商品は、たとえば香辛料であった。ふるくローマ時代にすら国際商品だった胡椒《こしょう》は、高額でヨーロッパ市場にもちこまれた。ナツメグ、シナモンなど南アジア産の香辛料は、イスラム商人の手をへたのち、イタリア商人の富の源泉となった。しかし、これらの食用消費物資よりも、はるかに重要なのは、非ヨーロッパ産の産業用原材料であった。染料、ミョウバン、ソーダ灰、石鹼《せっけん》用油脂などは、すぐに巨富にはつながらなかったが、けっきょくはヨーロッパ産業の成長に貢献した。それに、未知の物資である、紙、木綿、火薬などが。

これらの物資は、イタリアで消費されるばかりか、アルプスをこえて南ドイツへ、そしてライン川沿岸地方へ。また南フランスから北方の低地地方へと、馬の背にゆられて流通してゆく。ヨーロッパ内国際ルートは、イタリア海港ルートを起点として、はりめぐらされる。

マルセイユやバルセロナをくわえた、地中海都市群は、競合のなかに、新技術を開発してゆく。航海用船舶の構造改良、三角帆をあわせもつ専用帆船の出現、羅針盤の改良と海図の製作による航行法の進歩。これらすべてをふくめて、航海革命とでもいえる改新が、十三世紀末までに達成された。いまや、ヴェネツィアとジェノヴァは、地中海最大の港にならび、すでに植民地とよぶべき海外領土を東方にもつようになる。

ヴェネツィアの商人マルコ・ポーロが、二〇年にちかい中国旅行から帰国したのは、ちょうどその大改新のただなかであった。しばらくまえ、東方から襲ってきたモンゴル大帝国は、地中海に達せず、むしろマルコ・ポーロらの商いに有利にはたらきすらしていたのである。

イタリア海港都市による地中海への大進出は、成功をおさめた。東西間の交易量はおびただしく増加し、ヨーロッパの富の基礎をかたちづくる。東方の先進文明への挑戦は、すくなくとも経済戦争にかんするかぎり、実のある成果をおさめていった。

7　破局──一三四八年

一三一四　全ヨーロッパの不作（～一六）
一三四七　第一回黒死病大流行（～五〇）
一三五八　フランス、ジャクリーの乱
一三七八　フィレンツェ、チョンピの乱
一三八一　イングランド、ワット・タイラーの乱

暗転への序曲

西暦千年の闇《やみ》があけはじめたころから、ヨーロッパには改新の波が、さわぎたった。それから三世紀のあいだ、ヨーロッパは未曽有《みぞう》の進歩を経験する。そもそも、進歩という観念じたいが、たぶん初めて、人びとによっていだかれたのだった。

農村にも都市にも、国家にも教会にも、そして地中海の外にむけても、進歩がわきおこった。改新の世紀は、ほとんどとどまることを知らなかったようにみえる。

一二九一年、十字軍国家の最後の砦《とりで》が、アッコンほかのパレスチナ都市で陥落したのは、悪いニュースであった。世紀がかわって十四世紀、しばらく出会わなかった凶作・飢饉《ききん》が、ヨーロッパの中心部を襲撃した。じっさい、十四世紀とともに、ヨーロッパの高温期は去り、平均気温は低下する。一三一五年はなかでももっとも不吉な凶年であった。

だが、人口がふえ、富をました町と村とはますます繁栄に酔っている。一三三九年、フランスとイングランドのあいだでおこった小ぜりあいは、のちに百年戦争のはじまりとよばれることになるが、まだだれも深刻にうけとめはしなかった。

疫病の大行進

一三四七年九月、シチリアの港に、めずらしい病気がでた。急に発熱し、リンパ腺《せん》がはれ、ノドが渇いた。まもなく高熱で意識不明となり、肌がからからとなり、ついで黒紫色に変色した。発病から数日内に、患者は死んだ。海港ででたからには、外地からの伝染病であ

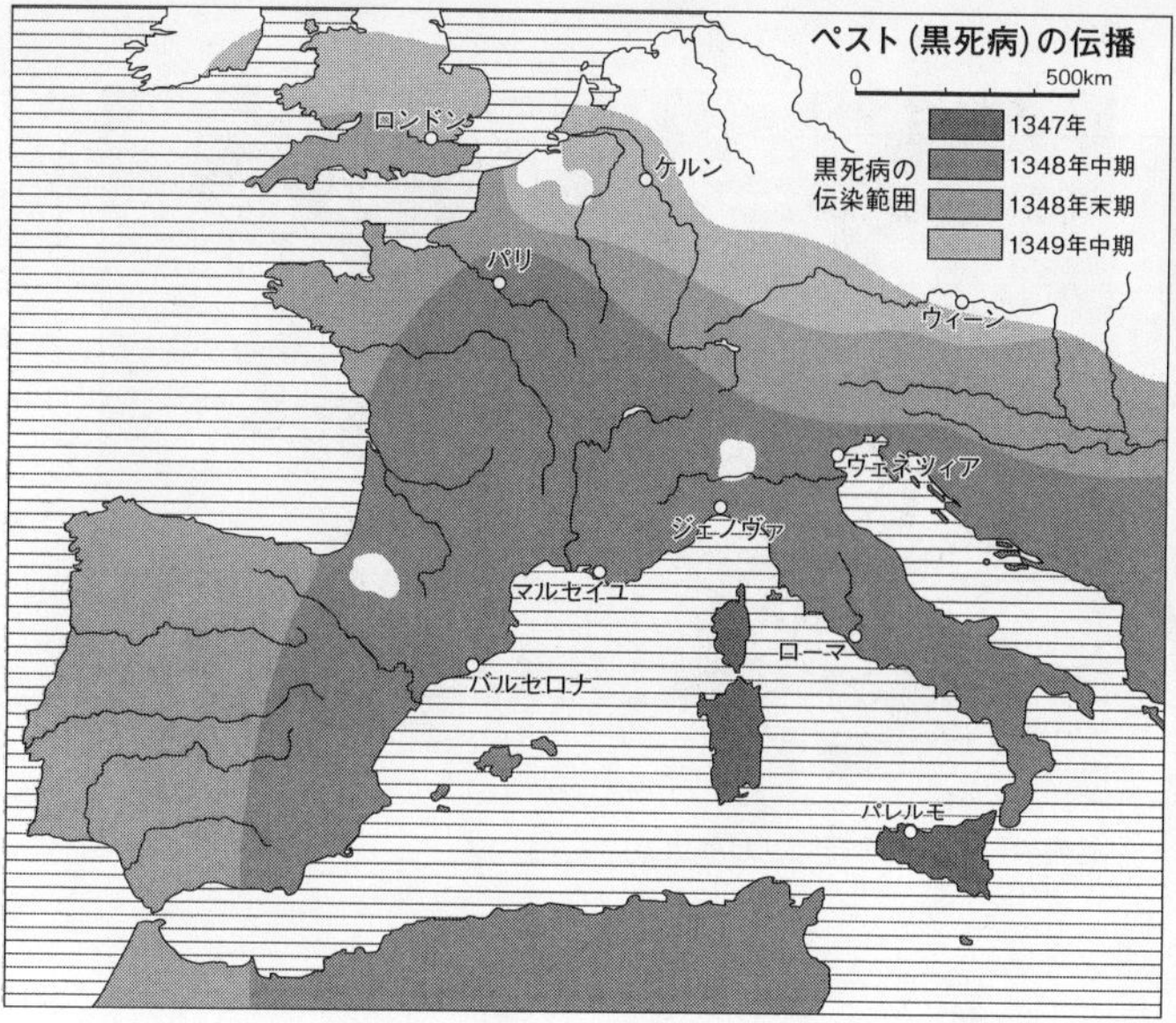

ろう。じっさい、取引先のコンスタンティノープルや黒海地方で、おなじ病気が猛威をふるっていたという。病いは、たちまち船員から、仲間、家族にうつった。伝染力は猛烈で、ただ唖《あ》然《ぜん》とするだけだった。

　黒死病（ペスト）の侵入である。シチリアにはじまり、ジェノヴァとマルセイユへ。翌四八年には、アルプスをこえてドイツとフランスへ。低地地方からイングランド、スペイン、そしてドナウ沿岸も、すぐに感染圏にくみこまれた。恐ろしい伝染病だった。血気さかんな青年も、発病すると数日内に、いやときにはその夕方にも屍《しかばね》となった。ペスト菌の宿主であるネズミが、ノミに菌をあたえ、ノミにかまれた人間が発病

黒死病死者を弔う行列。ピサ大聖堂

する。もっともそのメカニズムは、はるか後世になってわかったことである。また、リンパ腺から肺に入ったペストは、呼吸をとおして空気伝染もするのだ。

一三五〇年に、いちおうの終息をみるまでに、全ヨーロッパは黒死病におかされつくした。終わったかにみえた大流行は、ついでは三〇年後に、またつぎの十五世紀にと、いく度もの大流行をくりかえし、その後も、流行力をよわめながらも、局地的には十七世紀まで出現した。

人びとは恐れおののいて、神の怒りを感知し、改悔の行列をくみ、鞭《むち》で自分の体をたたいた。治療法も予防法もしれず、ただ祈り、そして経験的にしるところで、屍体《したい》や患者をとおざけ、郊外に避難した。ところによっては、ユダヤ人を投毒の張本人にしたてて、火あぶりにした。諦念《ていねん》にしずむひとは、いつも「死のことを想い」つつ、病魔のおとずれをまった。

十五世紀初頭までに、黒死病の餌食《えじき》となったのは、全ヨーロッパ人口の四分の一をこえるだろうといわれる。これにくわえ、世紀のはじめから悪化した天候事情から、出生率は低下し、けっきょく全人口の三分の一以上が短期間のうちに、失われたことになろう。

死の舞踏という図柄が、このころ大流行した。皇帝も法王も、騎士も司祭も、商人も農夫も、男も女も、死してみればおなじ骸骨《がいこつ》である。骸骨は空虚な踊りにふけり、生ける人びとに、地上のはかなさを教示する。このような暗澹《あんたん》たる図が、栄えある改新の世紀の直後に噴出するとは。たしかに予兆されていた暗転が、一三四八年のヨーロッパの野で、現実のものとなったのだった。

破局の構造

黒死病流行の原因については、いろいろの議論がつくされている。黒死病はヨーロッパでは六世紀の大流行と、七、八世紀の局地的流行いらい、存在しなかった。何百年間のうちに、ヨーロッパ人は、対症能力を喪《うしな》ってしまったのであろう。東方世界でも、ごく局地的な流行巣をべつとすれば、とだえていた。一三四〇年代の突発は、いかにも偶然によって支配されたハプニングであるかにみえる。偶然性の介入は、否定できまい。

しかし、東方で発生した黒死病がジェノヴァやマルセイユに侵入したのは、たしかに地中海交易網のおかげである。密度のたかい交通が、おそらく複数のルートを介して、ペスト菌をヨーロッパにもたらした。

けれども、おそらくもっと根本的な原因があるのであろう。すでに数十年前にははじまっていた、全体的な不況と暗転が、黒死病によい土壌を準備していた。そしてさらにさかのぼって、その不況とは、ただの天候異変の結果ではなく、じつは三世紀にわたる大改新のなせるわざだったようにみえる。

着実な人口増大、小麦に特化してゆく農業生産、都市を中心とするコミュニケーションの高密度化。そのような繁栄には、いくつもの無理がかくされている。食糧供給の不安、制度と現実のずれ、人口密度の増大による紛争の頻繁《ひんぱん》化、貨幣化された財と生活物資との矛盾。おそらく、十四世紀におとずれたのは、このように堆積された無理、矛盾の相乗効果である。速度をはやめた改新ののちに、大暗転がやってくるのは、けだし当然のことであった。もし、このような暗転がすでにしのびこんでいなければ、黒死病の襲来があったにしても、はるかに軽症ですんでいたことであろう。繁栄におごりたかぶる人類にたいする、神の怒りを読みとった、一三四八年のあわれな市民たちの解釈は、的を射ていたのである。

病いは、ことに都市をつよくいためつけ、人口と経済力をうばった。都市では、混乱に発する権力争いがからんで、フィレンツェのチョンピの乱のような、職人や下層民衆の騒動が起こった。農村ではもっと、状況はきびしかった。不作で収入をへらした領主は、農民によりつよい要求をくだし、他方、農民のほうはといえば、苦しさにかわりはなく、むしろ待遇の向上こそを必要としていた。

そのほか、いろいろの事情もからんで、イングランドとフランスでは、大規模な農民反乱が起こった。イングランドのワット・タイラーの乱と、フランスのジャクリーの乱とよばれる反乱は、これまでしられるかぎり、もっとも大きな農民の一揆《いっき》であり、農民戦争とでも名づけられるべきであろう。

かさねて、このふたつの国は、しばらく前から戦争状態にあった。百年戦争は、えんえんとつづき、戦場となった西・北フランスは荒廃をまぬがれなかった。キリスト教会は、法王庁の所在をめぐって大分裂におちいった。あらかたの学者や芸術家は、この暗い時代に、頑迷《がんめい》な保守主義で身をまもることを、選んだ。国王も騎士も、紛争と混迷の処理につかれて、うち沈んでいった。

大破局がヨーロッパをおおった。三世紀のあいだ、全ヨーロッパ人が営々ときずきあげた繁栄は、たちまちに崩壊してしまう。ちょうどそのおり、地中海の東方に姿をあらわしたオスマン族トルコが、東方貿易の根元を断ちきり、イタリア海港に大打撃をあたえた。ここにまで暗雲はたちこめていたのだった。

ここに、改新の三世紀は、幕をすっかりおろす。ヨーロッパは、どこに向けて再出発のかじを切ることになるであろうか。

第四章　精神と生活の範型

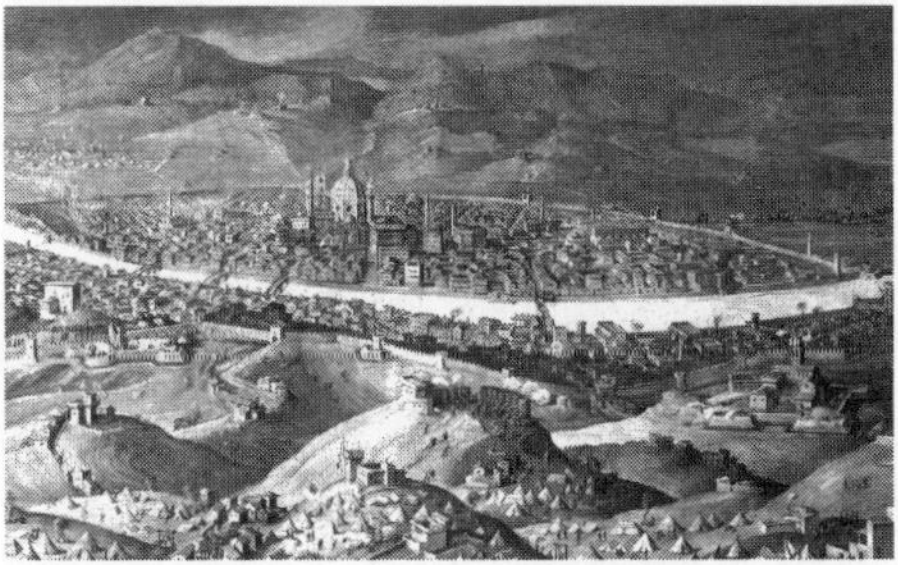

フィレンツェ遠望。ヴェッキオ宮殿壁画

1　ルネサンス――地中海との和解

一四三四　コジモ・デ・メディチ、フィレンツェ統領に
一四五〇頃　グーテンベルク、活版印刷を開始
一四五三　ビザンツ帝国崩壊
一四六九　ロレンツォ・デ・メディチ、フィレンツェ統領に
一四九二　コロンブス、アメリカ大陸到達
一四九四　サヴォナローラ、政権につく（〜九八）
一四九八　ヴァスコ・ダ・ガマ、インド航路を発見

よみがえる春

一四三四年のある日、フィレンツェ大聖堂の大円穹《えんきゅう》は、めでたく竣工式《しゅんこうしき》をむかえた。きわめつけの大屋根が、一〇〇メートルをこえる偉光を、地中海の空にそびえたたせていた。設計者ブルネレスキの、満足そうな笑顔がみえる。盛装した聖俗の貴臣たちが、しずしずと堂内にすすみ、やがて作曲家デュファイが、この日のために用意した祝祭曲が、鳴りはじめる。緑とピンクの大理石が交響し、この世のものともおもえぬ極美の空間が、市民たちをつ

フィレンツェ大聖堂。サンタ・マリア・デル・フィオーレ

つみこむ。

「花の聖母寺」、そう人びとはよびならわす。まことに、大輪の花々が、いっせいにひらいたかのようだった。いま時は、開花の春をむかえていた。冬は終わった。黒死病の大破局から一世紀。だが往時をも圧して、よみがえりの春が、はやくもめぐってきたのだった。

　クワトロチェント（一四〇〇年代）のイタリアは、わきたっていた。文運の華は、かぐわしい香りを、はなっていた。二〇〇〇年をすぐる過去のギリシア・ローマ典籍が、よみかえされ、註釈がくわえられた。理想的な身体や自然が、幾何学によってささえられる視覚上の遠近法規則にしたがって、描写された。均整のとれた比例律にもとづいて、塔堂や邸館が、うちたてられた。人間精神は飛翔《ひしょう》し、生の愉楽という美酒に酔いしれた。かぎ

ルネサンスの文化人

《イタリア》		
ダンテ	詩人	1265～1321
ジョットー	画家	1266～1337
ペトラルカ	詩人	1304～74
ブルネレスキ	建築家	1377～1446
ドナテルロ	彫刻家	1386～1466
マサッチオ	画家	1401～28頃
ボッティチェリ	画家	1444～1510
ダ・ヴィンチ	画家、科学者	1452～1519
マキァヴェリ	政治思想家	1469～1527
アリオスト	詩人	1474～1533
ミケランジェロ	画家、彫刻家	1475～1564
ジョルジョーネ	画家	1478頃～1510
ラファエロ	画家	1483～1520
ティツィアーノ	画家	1488～1576
ヴェロネーゼ	画家	1528～88
タッソー	詩人	1544～95
ガリレオ	科学者	1564～1642
《ドイツ》		
デューラー	画家	1471～1528
クラナッハ	画家	1472～1553
ホルバイン	画家	1497～1543
《低地地方》		
ボッシュ	画家	1453頃～1516
エラスムス	人文学者	1465？～1536
ブリューゲル	画家	1528～69
《フランス》		
デタープル	人文学者	1450？～1537
ラブレー	小説家	1494～1553
《イングランド》		
モア	思想家	1478～1535
シェイクスピア	劇作家	1564～1616
《その他》		
コペルニクス	科学者	1473～1543
エル・グレコ	画家	1541～1614
セルバンテス	小説家	1547～1616

りない理想と未来をそなえた人間とは、なんとすばらしい存在なのだろう……。

古代人の理想にたちもどり、人間の可能性をとことん開発しつくそうという動きを、人文主義という。人文主義を足がかりとして、学芸、芸術をはじめ情知のあらゆる分野でおこされた文化運動のことを、ルネサンス（文芸復興）とよぶ。もっとも、人文主義とは当時は、せまく古典研究をさすものであった。ルネサンスは十九世紀になって使用された用語であって、当時のイタリア語「再生（リナシタ）」は、かなりいろいろの意味をもっていた。

ボッティチェリ《春》

評価の議論はかまびすしい

ルネサンスは、イタリアの諸都市におこった。淵源《えんげん》はとおくさかのぼることができるが、詩人ペトラルカやボッカチオらの最初期ののち、クワトロチェントの前半に、確立されたとおもわれる。諸都市、とりわけフィレンツェであった。金融と毛織物とで、先進の海港都市に経済力において肩をならべ、十五世紀には、ルネサンスの都となった。おりしも、一四五三年、ビザンツ帝国がオスマン・トルコ軍の襲撃によって崩壊し、その直前からギリシア人学者が、イタリアへ亡命してきたことも、好機となった。

フィレンツェの都市政治を牛耳ったメディチ家では、歴代の当主が、人文主義者を庇護《ひご》したし、またミラノのスフォルツァ家、フェララのエステ家、マントヴァのゴンツァガ家も、これにならぶ。法王の都ローマやヴェネツィアがくわわり、かくしてルネサンスは、全イタリアを風靡《ふうび》するようになった。

ブルクハルトによって「世界と人間の発見」と定義されたこのルネサンスは、ヨーロッパ史上最大の事件として、つとにたかい評価をあたえられている。封建社会とキリスト教会の圧力のもとで、それまで、世界はとざされ、人間は窒息してきたとすれば、世界と人間の発見は、かがやかしい前進をしるしたものと評価することはできよう。

けれども、「再生」や「発見」を、あまりに劇的にえがくのはどんなものだろうか。ルネサンスとは、じつは十五世紀の開花にさきだって、すでにいく度かのプレ・ルネサンスによって準備されていたから。「十二世紀のルネサンス」、「カロリング朝のルネサンス」などが、「再生」と「発見」とをすでに経験していたから。また、議論をさかさまにして、イタリア・ルネサンスの成熟は、存外に底のあさい見せかけのものだともいえるから。人文主義者はまだ陋習《ろうしゅう》にとらわれており、ごく一部のブルジョワだけがちいさなサークルのうちで、はかない享楽にふけっているだけのことだから。ルネサンスをどう考えるかをめぐって、現在でもいろいろの立場がある。もちろん、ここで語っているのも、そのうちのひとつの立場にすぎない。

死の淵からの光彩

十二、三世紀からイタリア都市で、文人や諸芸の人が、めざましい活動をはじめていた。

フィレンツェ、ヴェッキオ宮広場

富にささえられ、また東方からの珍奇な情報と文物にふれて、かれらの作業は、時代を抜きかけていた。十四世紀からつぎの世紀にかけて、黒死病と、そして東方のトルコ人の脅威とが、あいついでイタリアを圧したとき、知的好奇心や美への希求は、かえって人びとの人間存在を根底から、ゆさぶることになった。死や滅亡に直面し、その悲惨を目撃した人びとは、世界の意味に問いを発し、人間のかけがえのない全体性を覚知したことであろう。再生（リナシタ）をとなえた人文主義者たちは、かれら自身で死の沿岸から帰還して、再生しえたつもりとなっていた。

かれらにとって、生とは、喜ばしくもありまた、辛苦と暗礁とにもみちていた。現世にいきる愉楽は、同時に、人間の苦悩への直面をもふくんでいた。だからこそ、ルネサンス人は、熱い心で真理と美とを追求して、称讃さるべき均衡のとれた万能人となるかたわら、死の影におびえ、不可視の亡霊や魔術に身を託し、悪徳と傲慢《ごうまん》とを友としたのでもある。じっさい、ルネサンスの栄光のかげには、隠微な争闘や、頑迷《がんめい》な迷蒙がかくれている。さまでいわずとも、占星術や錬金術、黒魔術や黙示録冥想《めいそう》など、隠された（オカルト）真理をまさぐる不気味な術知が、大流行した。

ルネサンスには、光と影とが、目くるめくように交錯している。前者は未来、後者は過去に属するというぐあいの、素朴な進歩感覚が、いっとき二十世紀の歴史家たちをとらえたことがある。しかし、その光と影は、そもそも人間と世界のありのままの構図であり、ルネサンス人も現代人も、おなじようにひきうけているものだ。むろん、ちがった状況のもとで。そう思いさだめるとき、現代人はようやくルネサンスの世界と人間を「再発見」するようになった。それが、現今での、ルネサンス像である。

古代の復活か

ルネサンス人が、いつも拠りどころにしたのは、たしかに往古のギリシア人やローマ人であった。東方から多くのテキストがもたらされたし、直接古代ギリシア語をよむものもあらわれた。イタリアの野には、一〇〇〇年をへたローマ人の作品が、廃墟《はいきょ》となってのこされていた。発掘にむかう好事家もおり、そのフィールドはついにギリシア本土にまで、およんだ。

ホメロスとセネカは朗読され、プラトンのアカデメイア（学院）は、フィレンツェのメディチ邸で再現された。パルテノン神殿の黄金比例律は、画家の筆によってうまれかわった。オカルト科学ですら、新プラトン主義とヘルメス主義、ユダヤ教カバラ学にうけつがれて、古代を再生させた。

範型としての古代。古代はながらくの沈黙の雌伏《しふく》から、よみがえる。

ルネサンス人が、そう意識していたのは、まちがいない。ところが、かれら自身の心底でも、これを裏切っていたふしがある。古代人はモデルではあったが、ルネサンス人は古代の装いをし、古代語をかたっているわけではない。古代人にならい、古代人とともに世界を観照したが、古代人の肩にのって遠くがみえると、はしゃいでいたのではない。古代との距離は、当然のことながら、熟知していた。だから、うまれかわった古代人、とは、ただの比喩にすぎない。

そして、さらに重大なことには、ギリシア人やローマ人の古代遺産は、憶測されたように、仮眠をつづけていたのではない。その憶測は多大な誤解となって、いまなおヨーロッパ人に抱懐されているが、断じて間違っている。古典文明は、ビザンツ帝国とイスラムの諸国家によって継承され、地中海文明として、成熟をつづけていたのである。それらを、くりかえし先進文明とよんできたのは、そのためである。ヨーロッパはながらく、この先進の地中海文明から恩沢をうけず、辺境の地をしめてきた。

認知された相続人

　さきにみた、あの地中海にむけての三つの改新が、ようやく実をむすんだとき、ヨーロッパははじめて、地中海古典文明の遺産相続人のひとりとして、認知されるようになる。ルネサンスとは、広い視野からみれば、そのような認知の祝祭宴であった。

　しかし不幸にも、そのときほかの共同相続者たちは、しだいに活力を失っていった。偉大な地中海古典文明は晩秋をむかえている。そのために、まるでルネサンスはただひとりの遺児であるかのようにふるまい、その子孫たちも家系図にそうしたためたのだった。ヨーロッパ人が、ギリシア人とローマ人の子孫だという剽窃《ひょうせつ》は、こうして公認される。

　だが、ルネサンスのヨーロッパ人は地中海古典文明の遺産をうけとりながら、じつは地中海と古典との連合を解消するという、奇妙な戦略を実行した。消沈する東方の地中海文明と心中行をともにすることを避け、あまりに強大な古典文明の遺産のうちから劄記《さつき》し、引用した。わるくいえば、つまみ食いした。古代人はルネサンス人の意匠のもとに、再登場する。

　こうして、ヨーロッパ人はルネサンスによって、地中海古典文明とのあいだに和解と決着を見出した。ルネサンスは、和解の宴でもある。かつても、いまも、ヨーロッパは南岸において地中海に接していた。ローマ帝国の遺産は、ほそぼそとではあれ、ヨーロッパ人の財庫の一部におさめられていた。ビザンツとイスラムの先覚者から、なにがしかの教示をうけてきた。けれども、森と石、都市と農村の展《ひら》くヨーロッパ文明は、全体としては、地中海を拒みつづけてきた。ルネサンスは、その拒絶の歴史に終止符をうち、偉大な遺産との和解をす

メディチ家の若君。リッカルディ宮壁画（部分）

すめる宴であった。地中海への応対の術を熟知したとき、かねてからわずかに学び知っていた古典文明は、ヨーロッパにおいて、意味をもって輝きはじめる。

このような大掛かりな構図でかんがえると、さらにいくつもの局面がみえてくる。というのも、ルネサンスはイタリアではじまったものの、それにとどまらなかったからである。

いくつもの国民文化へ

ルネサンスはやがて、ほかのヨーロッパ諸地域にうけつがれる。ひとたび、地中海先進文明と古代人とから解放された人文主義は、はれやかに地中海ならざる地方へ。

フランス人は、十五世紀末、イタリアへ遠征したシャルル八世、ルイ十二世の軍勢によって、イタリア・ルネサンスに接した。人文

ティツィアーノ《田園の奏楽》

主義学者と芸術家がまねかれ、ガリアの野にあらたな文化がひらいた。レオナルド・ダ・ヴィンチはフランス王フランソワ一世のもとにいたり、ロワール川をのぞむアンボワーズの城に永眠した。

ドイツ人は、イタリアでルネサンスを見聞して、芸術表現の術をまなび、遠くイングランドでは、噂にきこえるイタリア風を体現しながら、エリザベス朝演劇への芽をはぐくんでゆく。地中海のもうひとりの住人スペイン人は、南イタリアの占領地をとおして、古典の意味を再確認することになろう。

どの国についても、慣用的にルネサンスの語をあてている。じっさいにはイタリアのそれとは、かたちも時期も、別ものなのではあるが、それでよかろう。ルネサンスは人文主義の名のもとに、古典文明をヨーロッパの財宝と化して、各国に分配した。各国はそれぞれの仕方で、体得してゆく。その結果、いずれもが、しばらくまえからきざしていた俗語文学の感性を素材にしながら、みずからの言語をみがき、固有の感受性を開拓してゆく。もう、国民文化の語をつかってもよいころであろうか。ルネサンスは、普遍的に通用する人類の文化をかたったはずだったが、皮肉なことに、ヨーロッパ文明の個性を強化し、個々別々の国民文化の創設に資したのである。フランス文化、ドイツ文化、イギリス文化をかたりうるのは、もうまもなくのことである。

2　宗教改革――歓喜する内面

一五一七　ルターの九五ヵ条質問状
一五二一　ウォルムス国会、ルターを帝国追放
一五二三　ツヴィングリ、チューリヒで改革を開始
一五二四　ドイツ農民戦争おこる
一五二五　ミュンツァー処刑
一五三〇　アウクスブルク国会。新教徒結束

一五三四　イングランド、ヘンリ八世、ローマと断縁
一五三六　イエズス会結成
一五四一　カルヴァン『キリスト教綱要』
一五四五　カルヴァン、ジュネーヴで神政政治を開始
一五四六　トリエント公会議（〜六三）
一五五四　新旧両派のシュマルカルデン戦争
一五五五　イングランド女王メアリ一世、カトリックに復帰
一五五九　アウクスブルク宗教和議
一五六二　エリザベス一世、統一令で国教会再建
　　　　　フランス、ユグノー戦争始まる

続発する改革運動

ルネサンスが、長期間にわたる星雲のごとき動きとして経過したのにたいして、宗教改革は、いずれにせよ、事件史として推移した。ルターの改革にさきだって、いく人もの改革主張者があらわれていたとはいえ、一五一七年一〇月三一日の事件をまたずには、改革は出発しえなかったのである。

その日、ドイツ、ヴィッテンベルクの神学教授マルティン・ルターは、法王にあてた九五ヵ条からなる意見書を公開した。教会の扉にはられた意見状は、おりしもドイツで盛行して

マルティン・ルター像

いた贖宥状《しょくゆうじょう》配布についての、教義上の疑問を呈したものである。うけて立つ法王庁は、信仰上の道義よりは、むしろ教会組織上の服従を強要する。ローマの対応は、ドイツにおいて、つよい反法王感情を助長した。ルターは、当初から法王庁との断絶を意識していたとはみえないものの、公開討論をへて、しだいに分裂は修復不能となってゆく。法王側も、ルターとの和解や懐柔をめざすより、威嚇《いかく》による平順をもとめていたのである。

おりしも、半世紀前に発明されて、重宝されていた活版印刷術を利用して、ルターとその一党は、法王批判を宣伝することができた。ルターは多数のパンフレットを執筆して、同調者をもとめた。そもそも、九五ヵ条じたいが、まえもって印刷され、旬日内にドイツ各地に配布されていたほどである。ザクセン公によってかくまわれながら作成した、聖書のドイツ語訳をもふくめ、文書は火弓のごとく、ドイツ中をかけめぐった。皇帝カール五世との決裂ののち、改革はあらたなドイツ教会の創設の方向をむき、法王庁とカトリック聖職者とを相手として、妥協をいれぬ争闘がつづけられた。

ドイツ全体をみれば、南部でカトリック、北・東部でルター一派が優勢をしめた。十六世紀のなかば、アウクスブルクの宗教和議をもって、いちおうの妥協が成立して、両派はたがい

印刷工房で働く人びと（16世紀の版画）

の存在をみとめ、ここにヨーロッパで最初の、非カトリック教会組織が公認された。

スイスのチューリヒでは、ルターの影響下に、ツヴィングリを指導者とする改革運動がおこった。ルターにもまして急進的な理想をおった改革は、都市チューリヒをとらえた。

おなじスイスのジュネーヴでは、フランス人ジャン・カルヴァンをむかえて、反カトリックの改革をおこし、曲折のすえ、厳格な独裁的改革教会を樹立した。

同様の改革は、ストラスブールでもブーツァーによって着手され、十六世紀前半には、ヨーロッパのキリスト教世界は、騒然たるさまとなっていた。カルヴァンの改革はフランス各地にひろがって、信徒たちはユグノーとよばれ、さらには世紀後半にはオランダ、スコットランド、イングランドにまで、ひろがっていった。

イングランドでは、そのころ国王ヘンリ八世が、離婚問題から、ローマと対立し、イングランド国教会を設立するにいたった。教義上の対立というよりは、政治上の配慮からおこった改革は、修道院の没収という大変革をまねき、他方、カトリック側からの流血の反抗をもうけて、激動の数十年を演出することになる。

内面の全体性をもとめて

以上のような、大まかな経過にみられるように、改革はいずれも、意識的な反抗勢力の出現で開始され、政治上の事件へとただちに発展してゆく。ローマ法王庁との対立点は、すみやかに明瞭となり、改革派の教義も輪郭をはっきりさせていた。

教義の問題はつねに難解ではあるが、改革派にひろくうけいれられた主張は、つぎのようなものである。ローマ法王庁の権威と、それにもとづく儀式の否認。とりわけ、聖母マリアの聖性の過度の強調や、寄進、贖宥、ミサについての疑義。これらが、多くの平信徒にうったえた。その結果、ルター派のように、聖職者組織たる教会序階を廃して、すべてのものを司祭とみなす、急進的な変革をうみだした。また、カルヴァン派のように、いっさいの現世での善行を励行せず、ただ勤勉と祈りだけを社会倫理として要求するようにも、なった。

ジャン・カルヴァン像

ルターがとなえた、有名な標語は、「ただ信仰のみ」と言う。聖書の章句のみを手がかりとして、外面上の装飾をキリスト教から排除しようとする、厳粛な決断をさししめしている。

改革はどこでも指導者を必要としたが、平信徒の多数の参画が、むしろ帰趨《きすう》をきめた。かれらは、改革運動のなかに、世界や他人とのあいだで失われたきずなを回復する手段をさぐり、人ひとりが生存する経験の全体性の実現を、夢想したはずである。カトリック教会からの離脱は、より血肉化した底深いキリスト教の獲得をうながした。むろん、キリスト教からの脱落ではない。

とりわけドイツでは、二、三世紀前から、信仰の内面化とよりふかい神秘性をとなえる説教者が活動していた。信仰を心の内面に響和させ、神とのつねなる直接の対話をもとめた。改革派の信徒たちには、このような内面化と直接化への希求が、色こくにじんでいる。そのためにこそ、改革はときに、指導者の思惑をこえて急進化する。ルターは、改革開始後、数年内に、はやくもこの急進化をうれえて、批判する立場となる。

スイスやドイツ各地、低地地方では、ルター派の埒《らち》をこえて、急進改革をもとめる小宗派が続出し、ついにはルターは、世俗権力に弾圧を慫慂《しょうよう》するにまでいたる。少数の急進諸派ばかりか、ルター派内にも、直接行動への気運がわきおこり、ドイツ農民戦争にきっかけをあたえる。多数の文書、ビラ、そして説教、アジテーション、人びとのあいだのコミュニケーションが、いっせいに開花して、運動は急速に民衆化してゆく。

改革派は信仰の共同体（ゲマインデ）を設立し、教育制度をかえた。信仰の内面化は、ただちに、信仰による共同性の再建を、要請したのでもある。一言にいって、宗教改革は人間が、他者や世界とのあいだの腐朽《ふきゅう》した紐帯《じゅうたい》をむすびなおし、存在の連帯性を体験しようとするこころみであった。内面の透明さをもとめた北方の精神は、それをキリスト教の改編という手段によって達成しようとする。世界との連帯を、理知や審美の行為のもとにもとめようとしたルネサンス人とは、姿をべつにしながらも、課題をおなじくするこころみだったと、いうべきであろう。

政治による回収

だが、ルネサンスが、やがて王侯貴族や富裕市民に専有され、ついには宮廷文化にまで収縮していったとおなじく、いやそれにはるかにまして、宗教改革は政治権力によって、すみやかに回収されてゆく。

ルター自身が、当初から世俗権力にたいして、かなり好意的な態度をとっていた。カルヴァンは、宗教指導者に全権力を付与する神政政治をめざしていた。イングランドの改革は、もともと、王室の対外政治に起因する、政治抗争の産物であった。ルター派が数十年の戦闘の結果かちとった、信教自由の原則は、実質上は支配者の信教自由のことであった。というのも、信仰の自由な選択は領邦ごとにおこなわれ、領民個人によってでは、なかったからである。

これ以降、イングランド（イギリス）は、国教会の非寛容な支配に服する。いくつものド

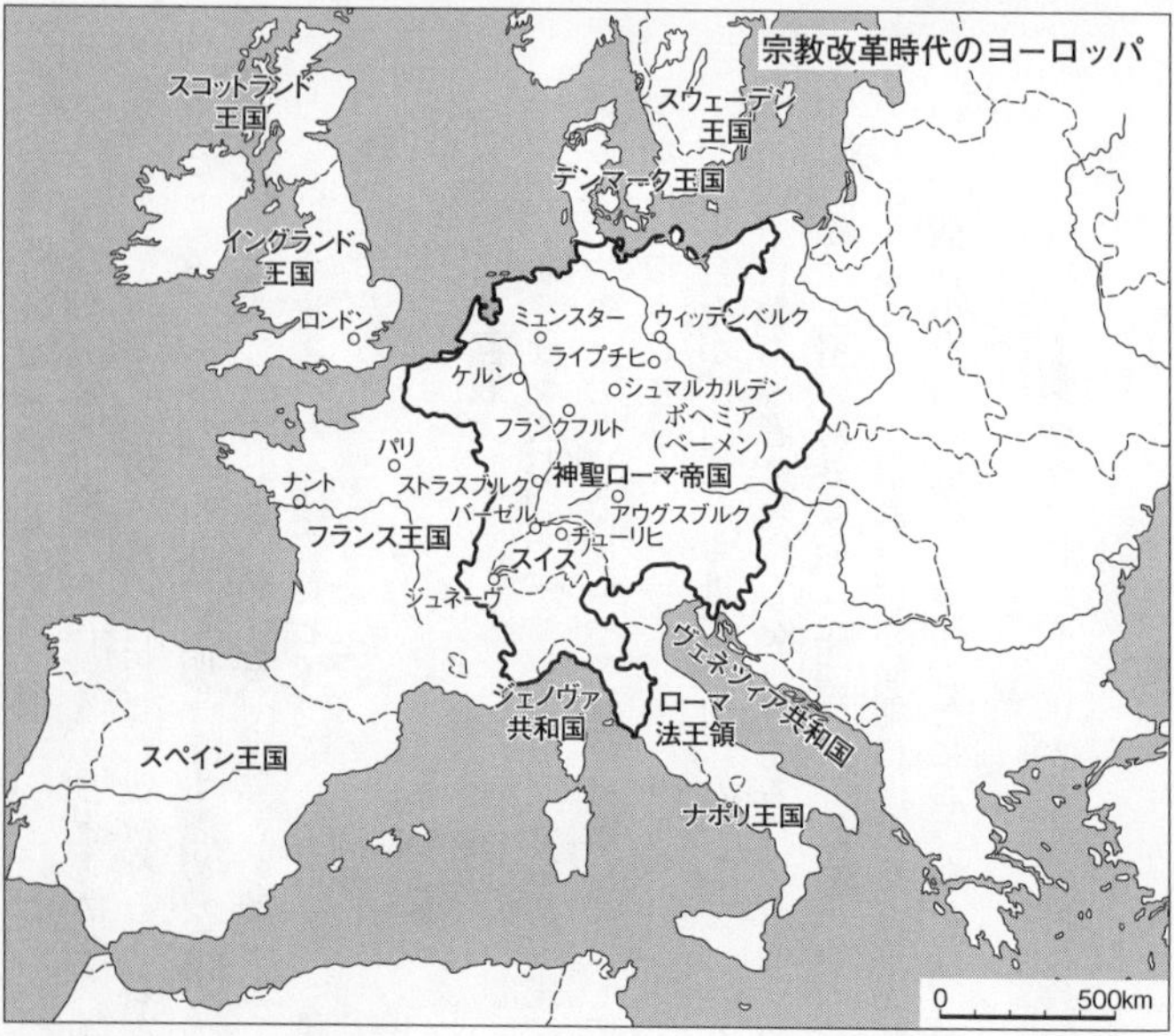

イッ諸邦とこれについで仲間入りした北欧諸国は、国家の統合原理として、ルター派宗教を確立してしまう。法王と世俗支配者とに二分されていた、往時のキリスト教世界のほうが、はるかに、信仰を政治から分離する、柔軟な態勢をとっていたのでは……。

だが、そのカトリック教会も、十六世紀に自前の宗教改革を実現していた。ルターにはじまる攻勢に直面して、教義の再確定がおこなわれた。信徒と教会をむすぶ祭儀や監視機構は、ほとんどはじめて、実効力をもつようあらためられた。一五四五年に開始された、トリエント改革公会議は、カトリックの団結を回復させる。新大陸やアジアへの伝道も、その一環であり、改革諸派をはるかに抜きこえたものである。

トリエント体制は、信徒を強制力をもって教会組織にむすびつけた。そればかりか、スペイン、ポルトガルのカトリック諸国は、教会を国家統治に包摂する。長大な新旧両派の抗争（ユグノー戦役）をのりきったフランスは、カトリックをフランス国家の間尺にあわせて、いわば一国カトリック体制をつくりあげるであろう。ガリカニスムとよばれる。カトリックもまた、国家に回収されてゆきつつある。

一五一七年にはじまる、ほぼ一〇〇年のあいだに、こうしてヨーロッパはふたつの大きな宗教圏にわけられた。一方には南ヨーロッパからドイツ南部、それにポーランドをふくむ、カトリック圏。他方には、それぞれに、かなりの相違をのこしつつも、その出自について連帯感をのこす新教の諸宗派。この領域区分は、そのご微変動はあったものの、現在でもほぼ保存されている。政治はキリスト教をのみこんだかにみえるが、いぜんとして人びとの生活の倫理をささえ、弱い人間存在を救済してゆくであろう。宗教改革のキリスト者たちがもとめた強い信仰体験は、たしかに人びとの心をゆるがせたからである。ふたつの宗教は、それぞれの圏域に、ことなった精神の様式をうえつけてゆくはずである。

3　日常生活のミリュー――十六世紀の敷居の上で

変化と不安

政治や経済の制度は、時代とともにダイナミックにかわってゆく。けれども、そのなかでいきている人間の日常生活のありかたは、はるかに変化はにぶく、散文的な調子で連続してゆくものだろう。富の分量や権力の体系はうつっても、日ごろの起居ふるまいは、いつまでも百年一日のごとく、おなじである。

ヨーロッパ史の任意の時点で、その図面をつくってみよう。日常生活のミリュー（環境）を、大きく変容させようとするような、変化の刺激剤は、どこにも乏しく、いくつもの断面図をつくっても、たがいによく似た図柄がならぶことになる。

けれども、もしあえて、変化をとうとぶために、十六世紀での日常生活の図柄を作製してみよう。それでもなお、変化はゆるやかではあるが、たしかにいくつかの場所で、地すべりのような変動がはじまっているのがみえる。新大陸・新航路の発見がもたらした衝撃、ルネサンスや宗教改革の運動がひとの精神をゆりうごかした軌跡、そしていずれ、生産や権力の強大な体系がヨーロッパをおおうのではないかという予兆。十六世紀は、ひとつの図柄からもうひとつの図柄へ移る敷居のうえにある。

日常生活はあまりに多くの側面からなりたっているから、そのすべてを訪ねるのはむずかしいので、ごくわずかな例をえらんで、おいかけてみよう。

森はまだ活きている

改新の数世紀をへたあと、ヨーロッパは多くの森や沼沢を失っていた。森にかわって田園の耕地がひらけている。しかし、森はなお威容をのこしているし、人びとが森にたいしてよせる感情は、かえって増幅されたようにすらみえる。

メリュジーヌ説話の挿画

妖精は森の住人である。樹の洞《ほら》や水辺にすみ、泉で沐浴《もくよく》する。ケルト人やゲルマン人の原始信仰は、妖精たちをつぶさに描写していた。泉の妖精メリュジーヌは、蛇の化身であるが、あるとき狩りにきていた若者を誘惑して、妻となる。人間界にうつり、愛する夫のため、耕地をひらき、城をたて、戦いに勝利する。人間の子供をうむ。森の魔術をつかって、メリュジーヌは、人間界をゆたかにすることができる。ところがある日、夫は見てしまう。のぞいてはいけないといわれていた妻の居室で、蛇が行水する姿を。悄然《しょうぜん》として、裏切られたメリュジーヌは去ってゆく。遺児をよろしくと、夫に言いのこして。子孫たちは、母の遺産をたもって、富みさかえたことであった。

このメリュジーヌ伝説は、西フランスのリュジニャン城にまつわるものだが、おなじ趣旨のものは各地にある。日本では「蛇女房」などの名でよばれる伝承・説話だが、ここでは森の妖精の魔術にむすびつけられ、恐怖と光明との両者の対象たる森の威力がかたられているわけだ。そのような魔術にみち、天然の神に通じる森であるからこそ、狼の棲《す》まう暗い迷宮でありながら、人を魅する。人びとは、五月の森にわけいって、大枝や幹をきりおとし、村や町の広場や、家屋の門口にかざりたてた。メイ・ポール（五月柱）とよばれ、森の生命力をよびこむための依代《よりしろ》としたのである。

だが、人びとにとって、さらに危うい力にみちていたのは、じつは森の縁《ふち》であった。その縁は、しだいに後退していったが、しかし放置すれば、ただちに沈黙の力をもって反攻してくる。十七世紀の採話になる、シャルル・ペローの「眠りの森の美女」は、森が人間の領域たる城を、一〇〇年間にわたって封じこめてしまうさまを、えがいている。

森の縁は、村人が燃料をひろい、豚に樫の実をたべさせる場であった。そのように、益する森の縁には、ときに盗賊が出没し、世をすてた隠者が、庵《いおり》をたてていた。不気味な声がひびき、狂気がはいずりまわる場でもあった。亡霊が夜な夜な、叫んでいた。

このころ、森の縁を徘徊《はいかい》する、もっとも恐ろしい存在は、魔女だとかんがえられていた。

悪魔とちぎる邪悪な女とは、むろん恐怖にとらわれた人間の想像力の産物である。しかし、その疑惑がなげかけられる女性は、しばしば超絶能力のもちぬしであり、呪術《じゅじゅつ》をあやつると信じられていた。人間性と自然の暗部をのぞきこむことができる術知こそ、森の縁のきわどい境界線上にすまう魔女の専有だと、みなされた。魔界と人間界の双方を知りつくし、邪悪なこころざしをもつ女性のはずだからである。

魔女は告発され、拷問をうけ、虐殺された。だが、ほんとうは、告発さるべきは、森の文明でも、超絶能力の女性でもなく、むしろ森の縁に接して、その異能におびえ、加虐の集団ヒステリーを喚起した側である。教会の審問官であれ、村の共同社会であれ、森に愛着し、森に魅されつつ、森を襲い、森をきずつけ、しかしその返り血に興奮して、狂乱にはしった。十四世紀から十七世紀まで、ヨーロッパ各地で激発した魔女狩りは、こうして、森の縁の文明と人間との交わりの行き違いを、表現したものといってよい。

働く人びと

かねてから、ヨーロッパ人は人間界を三つの種類にわけていた。祈る人、戦う人、耕す人。はじめのふたつが、歴史の舵《かじ》をとってきたのは、たしかだ。しかし、船をすすめたのは第三の人びとである。もっとも、時代がすすめば、耕す人と一言でいっても、さまざまな仕事と境遇とがあらわれてきた。いぜんとして奴隷にちかいものから、まだ不自由な身分にくるしむ荘園農民。そして、小作料だけを地主にたいして負う、中ぐらいの農民。自分の土地

ブリューゲル《穀物の収穫》

を手にいれ、さらには作男をつかって、手びろく農地を経営するもの。耕す人だけでも、さまざまだった。

だが、どの農民も、きびしい労働においやられていることはおなじだった。ちいさなブドウ畑や蜜蜂や羊をもち、自家用の野菜畑と耕作用の家畜の世話をしていれば、毎年ほとんどひまなしといえる。しかも、粉をかついで水車小屋にゆき、わずかな卵や茸《きのこ》をもって、近傍の市におもむく。仕事の量は膨大であった。

特定の祭日や豪雨の日には、野良仕事はなかったが、それ以外は日の出から日の入りまで働いた。農機具は素朴であり、不自然な姿勢もくわえて、筋力への負担は大きい。領主の直営地で鞭《むち》におびえる農作業は、もうかなり早く姿をけしたが、農民のくらしが楽ではないのは、

村の暮らしと仕事（16世紀の版画）

あいかわらずであった。農民一揆《いっき》が頻発《ひんぱつ》するのも、自然のいきおいであろう。

だが、そのころの農民たちの仕事を絵にした、作品をみてみよう。細密画や暦絵、それに十六世紀の傑作というべきブリューゲル（父）たちの農民。むろん、みずからは農民ではない画師の筆がもたらす誤解には、充分に注意をはらったうえで。

貧しいではあろうが、農民にはどこかゆったりとしたところがみえる。月々、ちがった仕事、ときには水浴し、野辺で弁当をつかい、祭りには踊りと歌と酒と笑いとに、歓喜する。夫が苅りとり、妻があつめ、老婆が落穂をひろう。子供たちが、凍結した水路をスケートではしり、ソリをひいている。

農民はまだ、生業《なりわい》の世界にいきていた。労働の世界にではない。自然と折りあいをつけ、他人と協同して、生きる糧《かて》を産みだしている。暮らしに余計なものをつけくわえる余裕はない

印刷工（左）　鐘師（右）　ヨスト・アンマン《西洋職人尽くし》（印刷博物館）

が、ひとつひとつの作業とその作品には、あたたかい意味と価値とが、あふれている。それは、労働というような抽象的な言辞では、とても表現できない。

職人も、耕す人のうちから派出してきた人びとだ。かれらも、農民とおなじく、きびしい束縛と搾取のなかで、いきていた。数年の徒弟生活、そのあと、あてどもなくつづく傭《やと》い職人の年月。朝から夕暮れまで、休みなくひびく親方の叱り声。かつかつの暮らしをようやくささえる給金。親方の座にありつけるのは、ごく恵まれたものだけ。かりにそうなっても、同業組合が課す、きびしい規則。ギルド職人は、都市の繁栄をささえてはいながら、みじめな仕事にあけくれていた。

だが、そこにも生業があった。十六世紀にもなると、腕自慢の職人には、富はともあれ、栄誉がほどこされた。あたらしい工夫、あらたな技術が、職人を匠《たくみ》にもちあげた。さまざまな種類の職人が、都市に軒をならべて、競いあった。そのなかからは、後世に名をのこす工匠もあらわれてくることだろう。ルネサンスの芸術家たちは、みなもとはといえば、職人から身をおこし、職人として死んだのである。

人と人とをつなぐもの

人びとは、だれでも家族のなかで、生計をいとなんでいた。家族は不可欠だったが、その家族は日常生活すべてをおおうような家庭をもってはいなかったらしい。寝食をともにするとはいえ、家庭だんらんという、ほほえましい情緒は、じつははるか後世にできたものだ。家族のなかには、無遠慮な争いがあり、けんかがおこった。貴族の家柄でもなければ、家族的つながりが、人生の途をささえるというようなことは、まれだった。

それでは、人はみな孤立して、個人の才覚だけでいきていたのだろうか。そうではない。村でも町でも、さまざまに仲間というものがあった。十三、四歳で、ひとりだちがもとめられてからというもの、まずは若者組、もしくは娘組が人をむかえた。長じて、一人前の仕事をもてば、村の寄合や町の組合が、かれを必要とした。ひとことで共同体とよばれる団体が、それぞれに役割をもってひかえていた。

町のように、ひとがみな自由勝手に生活しているはずのところでも、じつはきめ細かな仲間組織があった。むろん、ギルド・組合のほかに、である。地区ごとの集まりがあった。道

ドメニコ・ディ・バルトロ《病気の世話》

路の清掃や治安の確保は、もっぱらこの地区団体の仕事だった。いずれも不完全なものだったが。ふだんから顔をあわせ、おかみさんたちが井戸端会議をもうけ、男たちは居酒屋で談笑する近隣の仲間たちこそ、おたがいを扶助し、ときに監視し、忠告するにふさわしい間柄だった。ばあいによっては、寡婦や孤児や病人を面倒みるのも、この近隣の集団であった。

だが、そのような福祉のいとなみは、ふつうは、べつの集団が担当した。兄弟団（フラテルニタス）とよばれる集団。一般には、教会の教区を母体としてうまれた兄弟団は、篤志家の寄進をあおぎ、自発的な労務提供で、町の人びとを救護した。もとはといえば、共同で静かに祈りをささげようという、在家の信仰集団だったが、篤信はひとを救護にかりたてた。

教会は元来、慈善行為を義務づけられていたが、施療院や貧民救済のための資金・労務を、教区民にもとめる。兄弟団はこれにこたえて、めざましい活動をはじめるだろう。慈善ばかりか、祭礼や葬祭をもとりおこない、町の暮らしに不可欠の団体となっていった。
十四、五世紀のころから村に町にうまれた、このような団体は、制度や組織の厳密な原則にしたがったものではない。それだけに、各地、各時代、まちまちのものだ。けれども共通していえることには、どれも経済的交換の原理からすると、間尺にあっていない。寄進し拠出し、喜捨し寄金する人は、商品をかうときとはちがった態度で、財布の口をひらく。等価の見返りへの期待はほとんどなかったろう。
だが、それはキリスト教道徳に命じられて、規則どおりおこなった喜捨でもない。たぶん、贈与とでもいえる、自発的な行為だった。金銭の贈与は、心の平安や満足として報酬をうけるであろうし、ときには後刻、困窮のおりに物品としてむくいられるであろう。大盤振舞という美徳が、とくに称揚され、吝嗇《りんしょく》は社会を毀損《きそん》するものとして、嫌悪された。

排除された人びと

若者組も村の寄合も、兄弟団も、こうした贈与と互酬の原則にしたがって、組みあげられたものである。おそらくは、氏族や血族集団が急速にくずれて機能を失ったとき、これにかわって、社会をささえるべく登場した、知恵にあふれた集団だったのであろう。国家とか貨幣とかの異質な主人公があらわれて、だんだん変容をこうむりつつも、十六世紀をこえて、はるかのちの時代にまで、健在である。

村であれ、兄弟団であれ、ともかくもなにかの集団に属しているということは、大きな保障であった。扶助をうけ、祭り、祝うことができた。たとえ、どんなに貧しくとも。ところが、どんな保障もなく、まもってくれる集団もない人が、いた。心や身体の病いから、共同体をおわれた不幸な人びとが、そのひとつである。町の城下に隔離され、あるいは、町々をめぐりあるく、流浪の暮らしをしいられた。

それればかりか、多数の家なき人びとがいた。仕事も団体もない。かれらは、乞食《こつじき》をしながら、街頭で暮らしていた。富豪の邸宅の玄関口には、よくこうした人が、あつまった。夕飯ののこりを、恵んでもらうためだった。ふつうの町であれば、そのような乞食者を、いく人か扶養することが、可能であった。ごくあたりまえの社会的光景だったのである。周縁のもの（マージナル）とよばれ、社会の欄外におかれてはいたが、格別その存在を禁止はしていなかった。

もっとも、十四世紀ころから、市や町の当局は、この乞食行為を治安と風紀にもとるものとして、やり玉にあげるようになる。貧しいばかりか、所属不定の人物がうろつくことに、つよい不安感をいだきはじめる。マージナルはいとわれ、病者は強制的な隔離舎のなかに、とじこめられるようになってゆく。

粗末な衣食住

社会の大きな枠のなかに暮らす人びとも、その物質生活は、けっしてゆたかではなかった。生産量はふえたりしても、生活の質は、あいかわらずだった。

村でも、そして町でも、住まいは木造だった。それも平屋建てで、手狭だった。個室はおろか、居間と寝室の区別もないのが、ふつうだった。男女別の二部屋があればよいほうだが、ベッドはひとつずつ。大人も子供も、素裸になって、ひとつの布団にもぐりこむのが、ながらくの習慣だった。粗い毛布が肌にいたかったろう。

下着用の木綿は、ずっとのちの出現である。やわらかなウールのオーバーコートは、身分の高いもののためであった。麻製のシャツやズボン、スカートが日常着であって、あまり洗《せん》濯《たく》もしなかっただろう。それでも、十六世紀を区切りとして、かなり衣料の質はあがり、やがて靴下や石鹼《せっけん》が登場するが。

のちにヨーロッパ人の食卓をかざるはずの食品が、まだ姿をかくしていた。ジャガイモ、トマトは十六世紀に新大陸から入ってはいたが、まだまだこれから。コーヒー、カカオ、砂糖、茶、いずれも登場には時間がかかる。香りたつ焼肉をほおばる騎士たちはともあれ、庶民の胃をみたしたのは、豆や野菜入りのごった煮スープ。それに、堅いパンと麦がゆと麦粉の水とん。十四世紀に東方からイタリアに輸入されたスパゲッティやマカロニが、ようやく料理に幅をあたえはじめたころだった。

ブドウ酒のことを、わすれてはいけない。昔からあったとはいえ、大衆飲料となったのは、農業の大改新のおかげだった。フランスのボルドーやイタリアのトスカーナの銘酒が人気をあつめだしていた。

季節の祭りのリズム

家で、村で、仲間で、人びとはごくおだやかで、散文風の日常生活をおくっていた。後世の都市文明の喧騒《けんそう》とは縁どおく、たいへん静かな暮らしだったであろう。けれども、その静かな月日の巡りのなかにも、リズムがあり破調もあった。それも、あちこちに。町や村の暮らしには、季節の循環と節々の祭りの大騒ぎがある。

季節にはそれぞれの仕事がふりあてられており、その節目は祭りである。春の若芽がもえはじめる復活祭、森の若木を伐《き》ってかえる五月祭、秋の収穫をたたえるブドウ祭、厳粛な面持ちでむかえる降誕節と顕現節（一月六日）。厳冬のさかりに、謝肉祭がやってくる。これらにくわえて、地方聖徒や守護聖徒の祭りがある。

なかでも、最大のにぎわいは謝肉祭（カーニバル）だった。年によって日付はちがうが、ほぼ二月から三月初めにかけて。この祭日に、人々は飲めや歌えの乱痴気騒ぎを演ずる。無礼講であった。前後三日間をあわせ、ありったけの酒と肉とをくらい、ゲームとダンスに興ずる。どの祭りもにてはいるが、このときばかりは、殿方も旦那も、長老も貴紳も、しばしば僧侶も、みな祭りの民となって、貴賤《きせん》の別を失う。むしろ、貧者が富者をよそおい、富者が貧者におちることもある。

16世紀の銅版画《謝肉祭と四旬節の争い》

カーニバルとは、肉と決別する意であり、その翌日（灰の水曜日）からは、まる四〇日間にわたって禁欲がつづく。復活祭まで、まだ冷風の二、三月を、肉なし魚なし、で暮らさねばならない。厳しくいえば、夫婦の交わりも、卵、牛乳もダメだという。その禁欲期間をひかえているだけに、カーニバルは燃えあがり、興奮をひきおこした。

仕事のすくない冬、クリスマスからのうのうと飲み食いして贅肉《ぜいにく》がつき、吹き出ものまででた安穏の人にとっては、禁欲は頃合いなダイエットとなった。それに、乏しい貯蔵肉をながもちさせるためにも、必要な自粛策であった。

祭りはどんちゃん騒ぎによって人をむすびつけるが、禁欲という労苦もまた、それにもまして、人びとを連帯させる。貧窮の記憶のほうが、はるかになまなましいからである。

乱痴気騒ぎと禁欲。たくみにつくられた、社会ルールであった。やがて喜びのうちに復活祭がむかえられ、人びとは心はれやかに野辺にでかけてゆき、仕事の一年がはじまる。

シャリヴァリ騒ぎ

もうひとつの、どんちゃん騒ぎがある。祭りとはいいがたいが。夕暮れのころ、若者たちが狼やら牛やら架空獣の仮面をかぶり、バケツやラッパをならして、行進する。めざす犠牲者はといえば、若い娘を口説きおとした年輩の再婚男。妻に乱暴するとか、姦通《かんつう》するとかいう噂ののんだくれ男。夫の命令をきかないじゃじゃ馬女。とくに最初のやつが、かっこうの標的。

戸口をけやぶり、ねんごろに寄りそいあった、年齢不似合いの夫婦を、無理矢理つれだし、驢馬《ろば》にうしろむきにのせる。戸板にくくりつけて、かつぐ。こうして、口々に罵声《ばせい》をあびせて、村中をさらしものにする。しまいには、犠牲者は、金でつぐなうから勘弁してくれ、などといって、一件は落着する。むろん、若者たちは、その金で深夜まで酒盛りをもよおしたことだろう。

このような若者の騒ぎをシャリヴァリという。共同社会のルールを侵犯するものに、罰をくわえて、面目を失わせる。とりわけ性的秩序侵犯への復讐《ふくしゅう》が、はなはだしい。シャリヴァリをかけるほうは、愉快だ。だが、陰湿なやり方というべきだろうか。とはいえ、平静で閉じた伝統的な共同体では、シャリヴァリのような自衛策が、どうしても必要だった。祭りは、解放と秩序のふたつを、同時にまもる。

カーニバルもシャリヴァリも、ふるくからおこなわれていたようだ。だが、十六世紀の前後が、もっともはなやかだったらしい。人びとの解放感がたかまったからか、それとも共同体の紐があやうくなって、かえって自己防衛本能が発揮されたからか。

大都会でも祭りが花ひらいた。国王や領主の入城パレードが華麗にもよおされ、花火があがり、軽業師が舞った。祭りにかこつけて、盗みがあり叛乱もおこった。日常生活の平安をやぶる出来事が、あまりにも多かったが、人びとはそれをひそかに待ちのぞんでいるかのようでもある。暮らしの情景も、大きく変化しつつあったのだ。

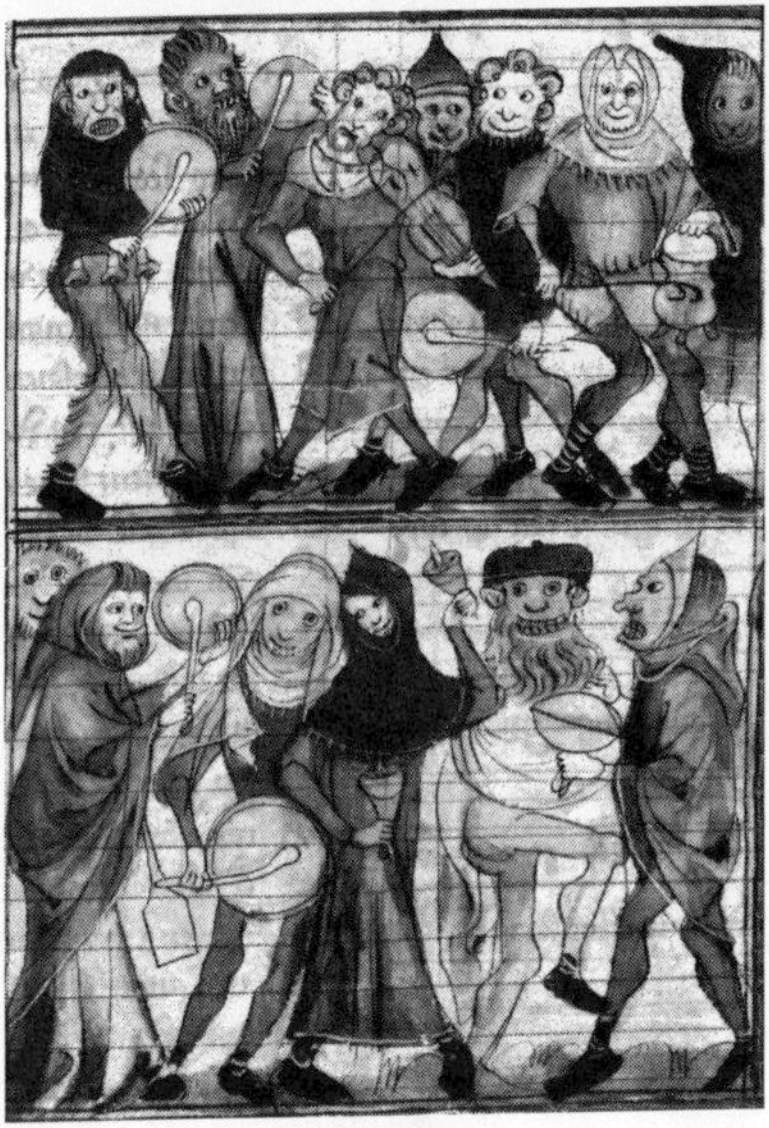

シャリヴァリの乱痴気騒ぎ

生まれおちてから

ひとの暮らしには、もうひとつのリズムと破調とがあった。一生涯という全曲のなかにである。

おそらく平均寿命は、まだ

三〇歳台そこそこであった。なかには九〇歳ちかくまで生きたミケランジェロのように、天寿をまっとうする幸運なものもいたが、多くは孫の顔をみるまえに、世をさっただろう。黒死病や戦役にまきこまれなくとも、生存条件は、たいへん悪かったからである。

栄養はとぼしかった。農民は、まともな肉はたべていなかった。衛生状態は、ひどかった。町の街路はゴミとフンだらけ。風呂にはあまり入らず、衣服はきたまま。わずかな生薬も、高価で手にはいらないことが、多かった。長生きできるほうが、不思議なぐらい。

けれども、平均寿命がひくいのは、もっぱら、嬰児《えいじ》・幼児死亡のためである。出生の環境がわるい。妊・産婦もしばしば、産褥《さんじょく》で死んだが、子供も不幸だった。満足に授乳されず、栄養不良に病いがおそった。庶民ばかりか、王族だって、多くの嬰児を失った。フランス王シャルル八世とルイ十二世のふたりの妻となった妃、ブルターニュ女伯アンヌは、あわせて、八人の子供をうんだが、そのうち二人しか成人できなかった。

教会のきびしい禁令にもかかわらず、嬰児ごろしがおこなわれた。子沢山をかかえて、母は、子の口に布きれをおしこんだ。避妊はみとめられず、安全な方法もなかった。もぐりの産婆が、手荒な方法で人工中絶をうけおい、妊婦もころしてしまうことが、よくおこった。

もし丈夫にうまれると、つぎに恐れるべきは、捨て子である。生きて発見されれば、嬰児は、施療院に収容された。あまりの数に、市の当局は悲鳴をあげることが、多くなった。時代がすすむにつれて、事態はかえって悪くなっていったことが、知られている。

キリスト教会は、嬰児の冷遇に、警告をつづけていた。しかも、洗礼をうけるまえに死んでしまう非運を、重大視した。うまれた子は、ただちに受洗すべしと命じられていたが、じっさいははるかのちになることが多かった。洗礼には喜捨がともなうし、村にはどこでも司祭がいるとは、かぎらなかったから。事態が改善されるのは、はるか後世になってからのことである。

無事、育っていったとする。だが、そのころ、まだ子供とか青年とかいう観念は、ひろまっていなかった。子供たちは、無邪気に遊びに興じていたが、それはしょせんは、不完全な大人にすぎなかった。家業、家事にかりだされ、学校などにゆくのは、ごく少数であった。一三歳か一四歳で、もう大人としての仕事を期待された。さしあたりは、徒弟として半人前であったが。

のびやかな性と結婚

女は、はやく結婚した。翌年から、もう子供をうみつづけるであろう。十数人の児をもうけられる計算になる。男は、だれでも結婚できるとは、かぎらなかった。部屋住みの独身男は、しまいまで、作男や職人として暮らすことになった。

結婚は、教会の儀式として、おこなわれるべきであった。だが、内縁関係のまま暮らす夫婦は多く、したがって、離縁もたやすくおこなわれた。司祭がたちあい、うつくしいドレスで、しずしずと祭壇にむかう新郎新婦、というような図は、ごく身分のたかい人びとの場合だけである。

ブルゴーニュの巨匠アンソニー《浴場の情景》

　神学者たちは、結婚には神がなかだちをすると教えた。そしてまた、たとえ夫婦であっても、肉の交わりは生殖のためだけにせよと。肉欲は、およそはしたない欲望であるといい、多数のタブーをもうけた。司祭もそう説教したであろう。

　けれども、じっさいの生活の場所では、性は快楽であり、あけすけな猥談《わいだん》がこのまれた。結婚前や外の交わりは、共同体の安全をこわさぬかぎり、大目にみられていた。それは、ヨーロッパにかぎらず、伝統的社会であれば、どこにでもある、ふつうの事態だった。キリスト教会の非人間的な抑圧に、人間の肉体はおしひしがれていた、などという俗説は、このさい破棄することにしたい。

　けれども、新旧両教会の改革がなったとき、かえって、このくだけた状態はゆらいだ。結婚や性は、信仰や教会の管轄下にはいり、規則にしたがって、とりおこなわれるように、なってゆく。ごく徐々にではあるけれども。空文だった戒律は、いま、強力な世俗権力のたすけをもかりて、内実をもつようになる。十六世紀や十七世紀は、その大きな転換点にかかっていたようにみえる。

死への時刻表

葬式もそうだ。教会のおしえに反して、かつて、死は自然へのよみがえりであり、村の先祖たちへの参加であった。共同体が死人をひきとってくれた。だが、教会にとっては、ほんとうは、死は最後の審判への待機であるべきであった。しかも、死後も魂は、煉獄《れんごく》で生涯の決算表をつくるための試練にあうべきであった。

神意をむかえ、儀式をもって祝福し、至福をいのって、死者をおくりだす。旅立ちのための塗油《とゆ》から、盛大な葬式、そして回忌ごとのミサ、故人を記念する墓石。新旧両教でかなりのちがいはあるが、いったいに、死者は個人として、せいいっぱいの待遇をうけることになる。これまた十六世紀前後におこった大きな変化である。

こうして、人の一生はおわる。節目ごとの儀式は、だんだんと重みをましてゆく。平穏な人生には、ドラマがつけくわわる。なによりも、このころ、機械時計が発明され、普及して、生活のリズムは正確に測定されるようになってゆく。そうなれば、いずれはリズムそのものに、加速がついてゆくであろう。人生は、幸か不幸か、速くなってくる。その速度による目まいが快感とうけとられるような世界が、やってきつつあるのだ。

かつて、人生の速度のゆるやかさは、退屈にはむすびつかなかった。進歩の加速度をこばみながら、人びとは、いつおとずれるやもしれぬ、突然の世界終末のことを、かんがえていた。ちかい未来での終末の予感が、退屈をおしのけてきたのである。じっさい、十二世紀以降、さまざまな終末期待がかたられた。とりわけ、進歩の加速度のたかいイタリアで頻出《ひんしゅつ》したのが、示唆的だ。

正確にきざみつつ早くなってゆく時間か。それとも、突然いつか、終わりをつげる時間か。ふたつの時間は、数世紀にわたって、あらそい、きしみを発していたが、ようやく決着がついたようだ。ついに、前者、つまり進歩という時間が優位にたち、大航海をはたして自信をつけたヨーロッパ人を、さらにまえへと、急きたてる。あれほど人を魅《ひ》きつけた終末の時間は、とうとう背後にしりぞいていった。これが、十六世紀の敷居のうえの、時間の光景である。

第五章　成人に達した文明

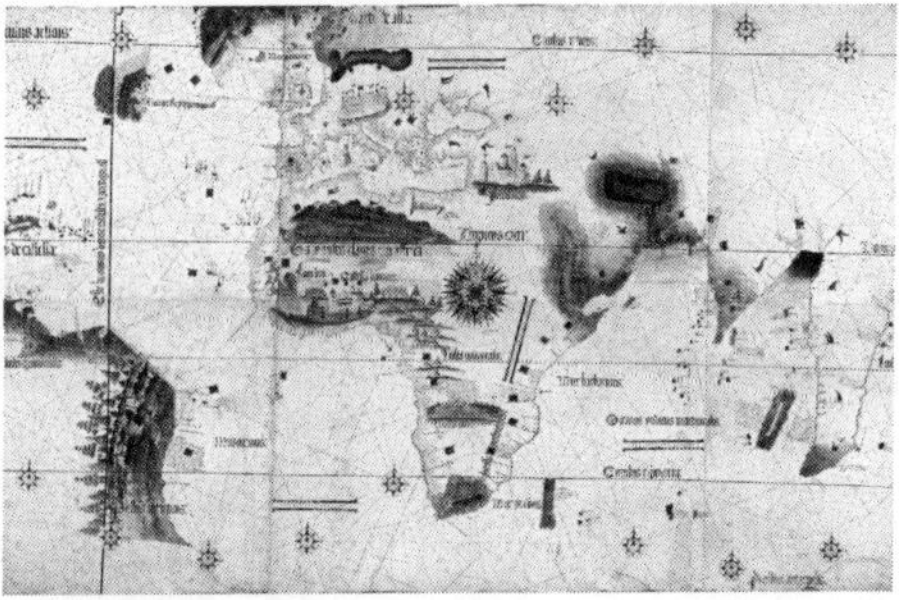

カンティーノ《平面天球図》

1　十六世紀――短い夏

一四七九　スペイン王国成立
一四八五　イングランド、テューダー朝始まる
一四九四　フランス軍、イタリアに侵入。イタリア戦争開始
一四九五　ドイツ皇帝マクシミリアンの帝国改造
一四九九　フランス軍、再度イタリアに侵入
一五一九　カール五世、皇帝となる。スペイン王としてハプスブルク朝を始める
一五二七　ドイツ兵などのローマの劫奪
一五二九　オスマン・トルコ軍、ウィーンを包囲
一五三四　イングランド、ヘンリ八世の宗教改革
一五五九　エリザベス一世の統一令
一五六二　フランス、ユグノー戦争始まる
一五六八　オランダの独立戦争始まる
一五七一　レパントの海戦
一五九八　ナントの勅令。新教徒に信仰の自由

内紛を克服して

十四世紀から十五世紀にかけて、全ヨーロッパをおおった暗雲は、ようやく去っていった。その好機をついてふたつの種類の人びとが舞台の中央におどりでた。

ひとつは、国王とその周辺の人びとである。内紛の多かった十五世紀がおわったとき、国王たちの姿が大きくあらわれてきた。バラ戦争を収拾したテューダー家は、ヘンリ七世によって、イングランド王権を、すみやかにたてなおした。はやくも、その子ヘンリ八世は、宗教改革を断行して、ローマからの自立をくわだてる。百年戦争の終結ののち、大陸の雑事から解放されていたこともさいわいして、イングランドの国民統合を、急速になしとげる。フランス王は、はやくも十五世紀末には、最初ともいえる外国遠征にふみきる。シャルル八世とルイ十二世、ついで十六世紀のフランソワ一世のイタリア侵攻は、かの地に大波紋をもたらしたばかりか、フランスにも、ルネサンスの余沢をもちかえった。

ドイツでは皇帝マクシミリアン一世のもとで、大規模な帝国改造の計画がねら

クルーエ《フランソワ１世》

エリザベス１世

れる。しかしその成果があらわれるまえに、ドイツはルターの改革運動の波にあらわれることになろう。スペインでは、十四世紀以来の内戦を克服した、カスティリャとアラゴン両王国は、王家の婚姻策によって合併して、単一のスペイン王国がうまれた。フェルナンドとイサベルの共同統治王のもとで、最後のイスラム勢力は、グラナダから追放され、くわえて、コロンブスの艦隊はついに新大陸に到着していた。

こうして、めざましい統合の成果をかかげた諸国では、どこでも統治者の個性がきわだって、前面にでている。このことは、直前までの時代とくらべると、はなはだしい。王たちは、まだ成功したばかりの国家統合を保全するために、大胆な政治をこころざした。宗教改革も大航海も大遠征も、それである。大事業は成果をおさめることも、そうでないこともあったが、事業そのものが王座をはなやかにし、安定させた。

ルネサンス国家の栄盛

比喩《ひゆ》的にルネサンス国王とよぶのが、ふさわしい。統治者たちはまことに、ルネサンス人文主義にまなんだかのように、人間としての歓喜に気づき、これを政治のうえで実践しているかのようだ。もっとも、君主たちがみな開明的で、すぐれた人柄だった、ということではない。むしろどちらかといえば、理不尽で独裁的であり、陰謀や策略をこととしていた。封建社会の騎士の理想にとらわれ、古風な家長のおもかげすら残していた。

とはいえ、ルネサンス人に特有な華麗さや豪奢《ごうしゃ》さが王たちのまわりをとりまいていた。即《そく》位戴冠《いたいかん》や入城の儀式が、とりわけにぎわいをみせた。ページェントの祝祭が、宮廷や町にくりひろげられた。おりしも活況をとりもどした経済に、新大陸渡来の貴金属をあわせ、モノの氾濫《はんらん》が王位をかざったのである。商品流通と商人の資本だけに基礎をおいた、根のあさい繁栄と権勢であったかにみえるが、それでも、王たちは未曽有《みぞう》の巨大な姿をあらわしたのである。このような君主をいただいた国家を、ルネサンス国家とよぼう。

文化上の価値につよい執着をしめした、個性的な君主は、とりわけ信仰上の対立にも、みずからコミットしつづけた。皇帝カール五世とその子、スペイン王フェリペ二世はもとより、イングランドのヘンリ八世や「血なまぐさい《ブラッディ》」メアリ一世。そして、領邦君主のレベルにまでいたれば、ルターの庇護者《ひごしゃ》ザクセン公フリードリヒ。

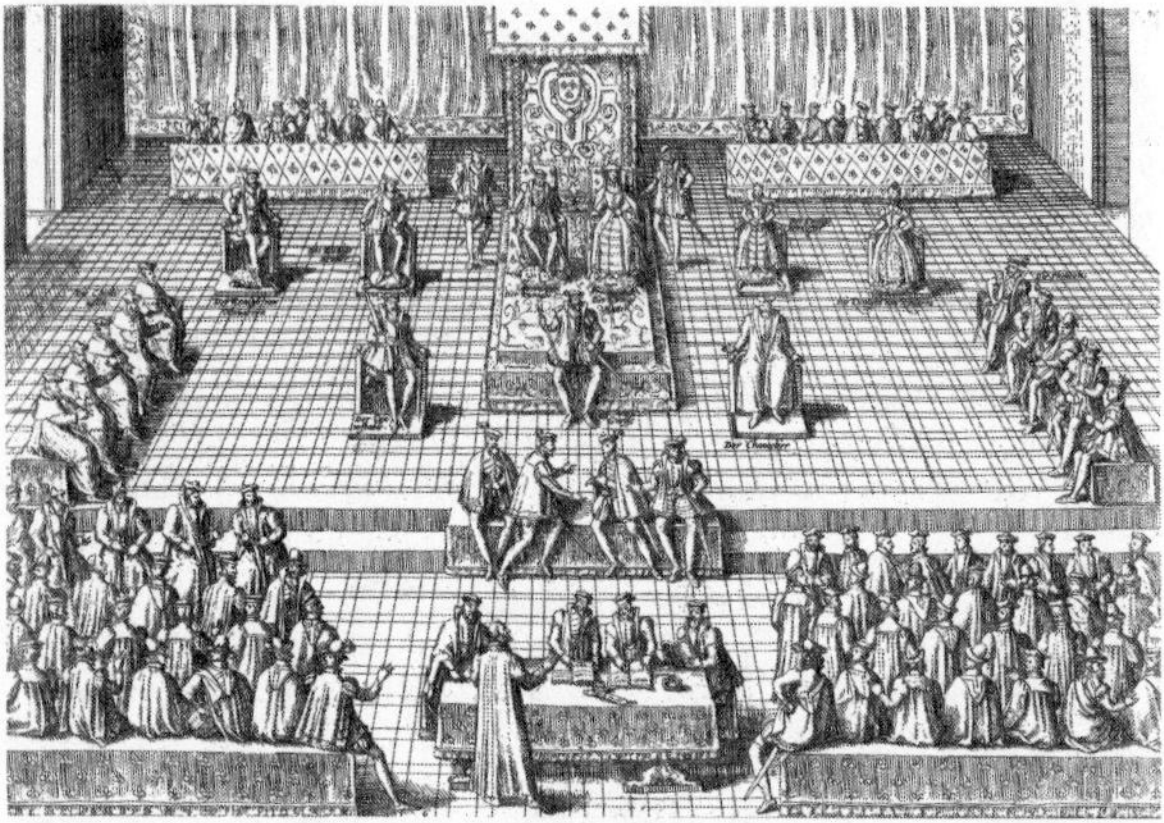

全国三部会　16世紀

この結果、旧教カトリックと新教プロテスタントとのあいだの抗争に超然とするどころか、そのいずれかの一派の領袖《りょうしゅう》となって盛衰の運命にもてあそばれた。イングランドにおけるカトリック復活をめぐる騒動、ドイツ全土で十六世紀中葉までつづく戦乱、そして、なかんずく、世紀後半にフランス全土をまきこんだユグノー戦役。それらは、ルネサンス国家の強味をあらわすとともに、一転して、弱味をもかたりあかしている。

ルネサンス君主は、こうして一見すると、従来の限界をこえて、国家統合の実をしめし、強大な専制的な国家機構をきずきあげたかにみえる。英雄君主が、それぞれの国々の威信をひきさげて合戦した、十六世紀前半のイタリア戦争などには、あたかものちの十九世紀をおもわせる雰囲気がある。

だが、じっさいには、どの国王軍も、直臣と諸侯軍に、多数の傭兵隊《ようへいたい》をあわせた、混成隊であって、国民的忠誠によってむすびつけられたものではない。絢爛《けんらん》たる国王行列は、がっしりとささえられた国家機構が演出した、というよりは、王の個人的な好みに、商人たちの利得とがかさなって、えがきあげた絵巻のごときであった。国家は強壮な意志をもっているかにみえて、じつはそれを実現するための手がかりを欠いた、仮想上の機構だったのである。

ルネサンス国家は、十六世紀という英雄時代をはなやかに生きぬいて、使命をおえるはずである。国家の諸階層から期待をよせられ、好転した社会環境の余沢をふんだんについやして、国家とその君主は、幸福な世紀のなかをはしりおえたというべきであろう。

経済の高度成長

さて、ルネサンス国王とならんで、もうひとつ、十六世紀を享受した人々がいる。途方もなく拡大した流通経済から、巨大な利益をうけとったもののことである。

まずは、新大陸やインドの航路をとおして、巨富がイベリア半島にもたらされた。物流の大きな幹線がイベリア半島を通過するようになる。古くから栄えていた都市のうち、イタリア都市は、しばらくのあいだ、このあたらしい経済環境から利益をえたけれども、南ドイツや北方のハンザ都市は、主要ルートから大きくはずれてしまった。経済環境の好転と新航路の発見が、ヨーロッパのマクロな経済システムを、根本からくつがえしたのである。

新大陸からの銀の流入の開始、ことにメキシコとアンデスの銀山の発見は、ヨーロッパの銀流通量を激増させた。いったいには僅少な貴金属による貨幣経済を、それまでいとなんできたヨーロッパは、貨幣量の増大から、急速なインフレーションに突入する。生産と商品の量が一定であれば、インフレは、社会的混乱をもたらすが、逆にその量が徐々にでも増加していれば、インフレはかえって、望ましい経済刺激となる。十六世紀ヨーロッパは、その後者であった。この現象は、しばしば価格革命とよばれるが、よりひろく、経済の高度成長とでもよばれるのがふさわしい。

高度成長の主役をはたしたのは、スペインとポルトガルであった。貿易港であるセビリアとリスボンとを通過した財貨の量は、莫大《ばくだい》であった。直轄する王権には財富をもたらしたし、担当する商人をもうるおした。その流通量は、ヨーロッパのいかなる先例をもしのいでいたはずである。

しかし、その繁栄はイベリア半島を舞台としてはいるものの、スペインとポルトガルの社会や国家を立役者とするものとは、いいがたかった。繁栄を演出したものはといえば、投資したイタリア金融家たち。イベリアからの輸出業務にくいこんできたフランスや低地地方の商人・商会。また、香料や貴金属をつんできた船の帰り荷を供給する、その他の外国商人たち。毛織物や金属細工、奢侈品《しゃしひん》が、その荷物の中味だった。かれらは、イベリアの富豪たちを顧客として、あいついで新商品をうりつけた。その商品のうちには、現在、文化財として珍重されてスペインに所蔵される、ルネサンス絵画や楽器・家具などが、ふくまれる。スペインもポルトガルも、見かけ上の好況にもかかわらず、じつは外国商人によって、国内の重要な節々を制圧されていたようにみえる。

アントウェルペン体制

ひとつの国のなかばかりではない。むしろ大きな変化は、ヨーロッパ国際商業において現れた。十六世紀の経済好況が出現したころ、ヨーロッパ貿易界は、イタリア都市を中心とする地中海枢軸と、低地地方を中心とする北西ヨーロッパ枢軸とによって、ささえられていた。新航路による貿易は、にわかにこの国際経済網のなかにほうりこまれる。これらの地方の都市が、イベリア諸国を、みずからのヘゲモニーのうちに回収したさまは、さきにみたとおりである。

低地地方は、すでに十四、五世紀から経済力をつみあげてきた。さらにはいま、この地がまさにハプスブルク家の領有地であることが、さいわいした。同家はカール五世（カルロス一世）によって、スペイン王家となり、つまりは、低地地方はスペイン領にくみこまれたのである。スペインからの商品移動が容易となり、商人にとっては、無上の取引先があたえられる。

現在ベルギーに属する都市アントウェルペン（アントワープ）が、一躍、西北ヨーロッパの国際商業圏の中心点におどりでる。商品と貨幣流通の重要な結節点となったばかりか、為

アントウェルペン市庁舎前広場

替の決済や国際商品の価格決定力が集中され、あたかもアントウェルペン体制とでもいうべきものが、十六世紀に誕生する。

過去数世紀間にも、遠距離貿易は存在したし、そこから利潤をうけとった商人もいたけれども、一般的には、局地的な閉結した商業圏の優位はうごかなかった。しかし、十六世紀の高度成長は、そうした商業圏を国際的体制にむすびつけることになった。ひとつひとつの局地市場はべつべつに存在してはいるが、そのうえで国際的な商業システムのロジックに編入される。そして、このアントウェルペン体制以降（むろん現代にいたるまで）、国際体制はつねに、そのリーダーとなる市場を必要とし、しかもその主役は交替しつ

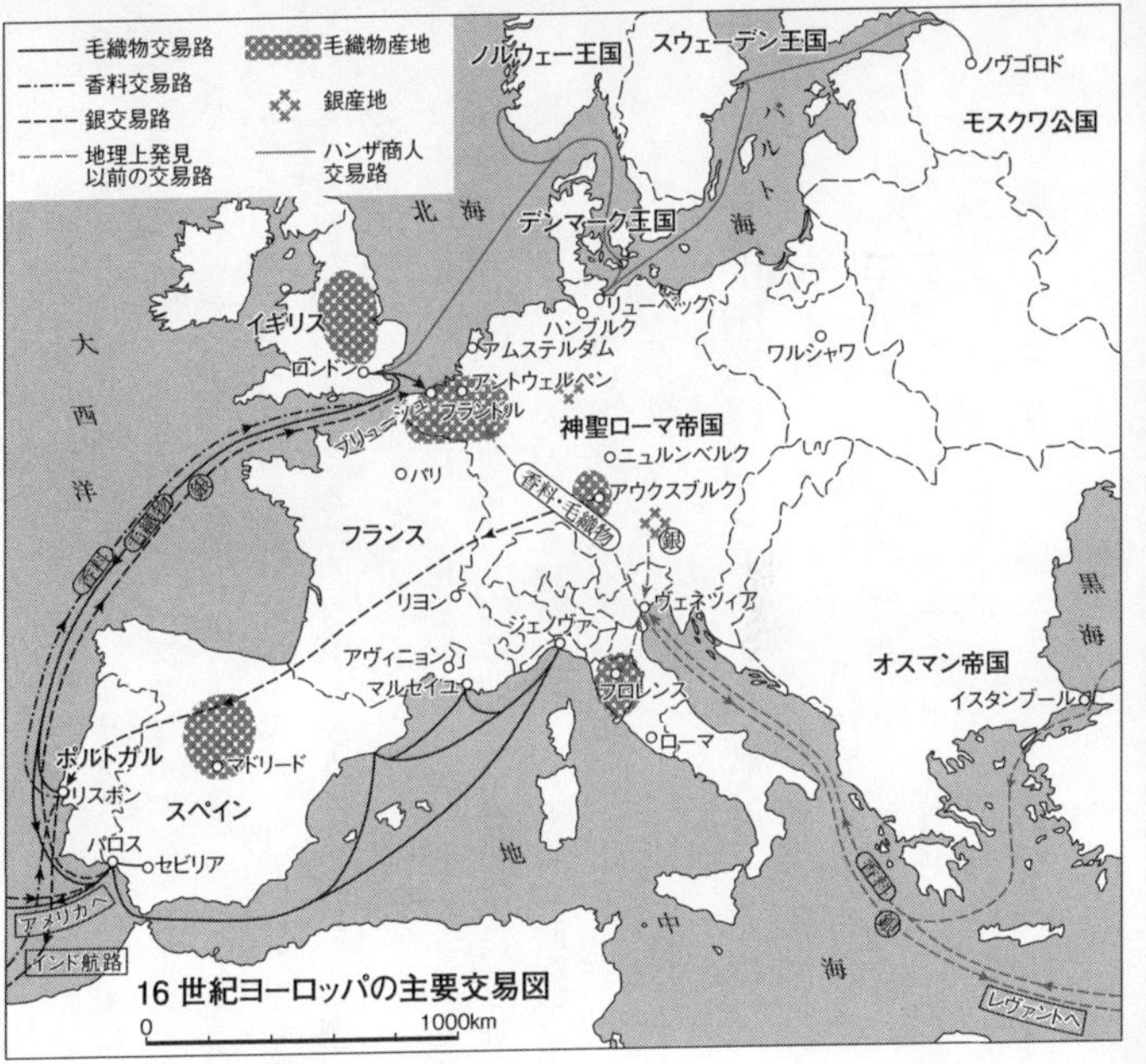

16 世紀ヨーロッパの主要交易図

づけることになるであろう。

体制（システム）であるからには、離脱がゆるされない。とりわけスペインは、ハプスブルク家支配によって、ふかく体制にコミットしており、スペインの巨大な財貨は、国際システムに預託されることになったのである。商業循環はアントウェルペンでの決定に服し、もっとも富裕者であるかにみえるスペインは、奇妙にも植民地である低地地方に従属した地位に甘んずるはめにおちいった。スペインの繁栄は見かけだけのものであり、国際システムのもとで、身ぐるみ剝《は》がれた、裸の王様であったわけだ。

この裸の王様は、さきにみたルネサンス国家の君主に、よくにている。アントウェルペンを頭《かしら》とする国際商業体制は、ハプスブルク家をリーダーとするルネサンス国家群の国際政治とにかよっている。その両者はたがいに足がかりと守護者を、相手に見出したのであるから、その相似は当然のことである。ふたつはあいたがいに依存しあう二人三脚の関係にあった。ただし、いずれであれ、きらびやかな栄華は、存外に脆弱《ぜいじゃく》な足場のうえにたった隆盛なのであった。

十六世紀は、ヨーロッパ世界が、しばらくの病患から癒《い》えて、活力をとりもどした栄華の時代ではある。ルネサンスと宗教改革と大航海というはなやかな話題にもいろどられた、成長の時代である。だが、なにやら危うい過剰の時代でもあったように、みえないであろうか。たいそう短い炎熱の夏のようなものであった。

2 国際経済システムの確立

一五八九 フランス、ブルボン朝始まる
一六〇〇 イギリス、東インド会社設立
一六〇二 オランダ、東インド会社設立
一六〇三 イギリス、ステュアート朝始まる

一六〇四　フランス、東インド会社設立
一六〇九　オランダ、独立を達成
一六一〇　ルイ十三世即位（〜四三）
一六四三　ルイ十四世即位（〜一七一五）
一六五一　イギリスの航海条例、オランダを圧迫
一六五二　第一回イギリス・オランダ戦争
一六六一　コルベール、財政総監になる
一六六四　第二回イギリス・オランダ戦争。イギリス、ニューヨークを獲得

台頭するアムステルダム

ながい抵抗のすえ、ついに低地地方（ネーデルランド）は、十七世紀初めまでに、スペインからの事実上の独立を達成した。だが、その地方の微妙な力の配置が、行き先を左右した。低地地方のうち、アントウェルペンはスペイン領にとどまり、その北方の一帯は離脱した。その後者は、アムステルダムを中心として、ホラント（オランダ）州を盟主としたネーデルランド共和国に結集する。海面下の土地を干拓し、水路をめぐらせて国土を創造したこの国民は、独立の勢いをかって、国際経済システムの鍵を、アントウェルペンからうばいとりはじめる。

アムステルダム商人は、後発ながら世界貿易に乗りだす。はじめは、機動的な小帆船をつ

レンブラント《布地商組合の見本調査官たち》

かって、イベリア諸国の貿易船を襲撃する海賊商業で足場をきずいた。ついで商人たちは遠い海外からの、他人まかせの不安定な富の到来だけをあてにせず、ヨーロッパ各地の商品と商人とを、直接にひきつけることを、めざすようになる。イングランドからの羊毛を筆頭に、ライン沿岸やドイツ北海沿岸の魚や木材、そして、古来、北フランスから供給された毛・麻の製品。これらに最終加工をあたえて、再輸出する。これにくわえて、東方貿易にみずから進出し、インドネシア、セイロン、台湾、日本を市場のなかに、くみこんでしまった。十七世紀、オランダと首府アムステルダムの、隆盛の開始である。

すでに確立しつつあったシステムをうけついだこともあって、小国オランダは、みずからの身体に数十倍する国際システムを、たやすく起動させることに、成功する。このこと

ベルクヘイデ《アムステルダムの運河》

は、過去数世紀間、地中海でジェノヴァとヴェネツィアがおこなってきた仕事ににている。ただし、その二都市はついに十七世紀にいたって、凋落《ちょうらく》の色、濃くなってゆく。ヨーロッパが、地中海との競りあいに、最終的に勝ったのだった。

画家レンブラントが、アムステルダム市民の生活をえがいていたころ、あるいはフェルメールが、デルフトの市民の室内のやわらかな光をとらえていたときである。オランダの商業力は天をつき、あたらしく築かれた商館の家並みは、運河ににぎやかな影をおとしていた。

ワールド・システムの完成

急速に、システム内の地位を失ったアントウェルペンは、凋落してゆく。流通（フロー）の量で征圧したものは、フローの道筋が変化すると、たちまちさびれる。そして、アントウェルペンとともに、その出店の本家ともいうべきスペインは、ヨーロッパへの影響力を放棄して、ただの植民地宗主国に、おちてゆく。

だが、ひとたび張りめぐらされたネットワークは、もう参加者の勝手気儘《かってきまま》な脱落はゆるさない。勝利したものは、敗れたものを、自前の網のなかにからめとっておくことになろう。スペインは、オランダを鍵とするシステムにあって、いつも必要なエネルギーを供給する源泉として、吸いあげられつづける。到来する銀と、それの対価たる織物などは、スペインの好悪にかかわらず、ヨーロッパ商品という商標がはられる。

イタリアの旧都も、そして、ドイツ諸領邦や東ヨーロッパの国々も、この経済システムに包括される。ただし、いずれも周縁の位置を、あらかじめ指定されたうえで、である。中心における支配と独占、周縁における従属と収奪という、非情な構図が徐々に、あきらかとなっていった。最初の「世界資本主義」とか、「近代世界システム」とかの名で、よばれるものが、姿をあらわす。

数世紀間たくわえてきた財力、勤勉さと団結力、小国ゆえの身の軽さと自由さ、そして地の利。オランダが、この経済システムの主人となった理由は、ふんだんにある。だが、その オランダにも弱味があった。中継と加工とを旨としてきたオランダは、その地位をまもるために、ますます収益率のよい商品をえらびとって、後進国の追いあげに対抗するようになった。このことは、当面はオランダの経済繁栄を、ますます加速していた。けれどもその間に、オランダは自国の基本的経済構造の歪みを、犠牲に供することになってゆく。ますます急をつげる、他国のおいあげは、国際システムの性格上、ゆるやかな共存をゆるさず、つねに覇権《はけん》の争奪という、血なまぐさい活劇を、再現しつづける。

オランダの覇権をくつがえそうとするのは、ふたつの後発国、イングランドとフランスである。

イギリスの底力

イングランドは、十七世紀の冒頭、ステュアート朝の成立とともに、スコットランド王国と同君連合をむすんで、両国統合へとむかうので、ここからあとはあわせてイギリス王国と、よぶことにしよう。繁栄の十六世紀に、イギリスはまだ経済的には後進地域であった。スペイン、オランダの海外貿易にならって大西洋に進出し、しばしばその先蹤者《せんしょう》に、海上略奪をかけたが、それにとってかわることはできなかった。

しかし、イギリスはオランダとは逆に、十六世紀の経済環境を、国内経済システムの変換に利用する。力をつけてきた農民のなかには、領主の網をきって自営化するものもあらわれた。農民のうちには、富裕なものと貧困なものが分化したわけだが、この分化によって連帯が失われたとき、領主のほうは弱い農民をねらいうちにして、収益をあげることに、成功した。牧羊がとりわけ、その収益増大にやくだった。「羊が人間を喰いころす」というトマス・モアの警句は、十六世紀のこの事態をあらわしている。ことに、土地経営に意欲をしめした下級の貴族領主が、経済力をつけてゆき、富農や商人をもまきこむという、大きな変動がおこっていた。

このイギリス経済は、当初、羊毛を低地地方に輸出するだけの、原料供給地という地位に甘んじ、国際経済システムに従属していたが、やがて独自の道をさぐりはじめる。経済の革新者たちは、ついに、みずからの手で羊毛を製品にしあげる方式を身につける。自営でゆたかになった農民や、中小の領主が、牧羊地のただなかで、毛織物の織機をすえつけ、稼動させる。農村工業とよばれる、あたらしいタイプの経済力がうまれ、羊毛はいまや、大陸に輸出されず、国内のちいさな仕事場にわたされて、布地に織りあげられる。そればかりか、都会でも衣料品や石鹼《せっけん》など、こまごまとした消費物資が生産されて、国内の経済力を増進した。

イギリスがオランダに対抗するやり方は、このように、オランダには欠けていた、中層で中核をなす国内経済の革新者をつくりだすことであった。力をつける下層貴族は、たとえばジェントリーとよばれ、自営農民はヨーマンリーと称される。これに、都市の商人たちが参加して、イギリスの経済はすっかり顔容をかえてゆく。この経済力を背景として、イギリスの国家が、オランダとわたりあったとき、アムステルダムの隆盛にも、暗い影がさしはじめる。

ヨーロッパの貿易支配をめぐって、さらには、海外植民地について、また両国の抗争が勃《ぼっ》発《ぱつ》する。十七世紀のなかばから、後半にかけて、経済権益をかけた戦争が、続発する。オランダ人が、北アメリカ東岸、ハドソン川口に造成した植民拠点、ニューアムステルダムが、戦闘のすえイギリスに譲渡されたのは一六六四年、たいそう象徴的な事件である。その町は、イギリスの旧都の名をうけて、ニューヨークと改名される。両国のつばぜりあいは、十七世紀をとおして継続されるとはいえ、勝負のゆくえはあきらかだった。国際経済システムの核心の地位は、アムステルダムからロンドンへと、うつっていった。

フランスでは国家が指導する

イギリスとならんで、もうひとつの敵手がオランダのまえにあらわれる。フランスである。フランスは、肥沃な農業国であり、オランダのような商業力をもつ機会にめぐまれなかった。

しかし、フランスは十七世紀になって、べつの手段をもって、国際経済システムのなかに登場してくる。国家それ自身の経済政策によってである。それは世紀後半のルイ十四世時代に、いっせいに開花した。財政総監コルベールの個性に帰されるところ多いこの財政策は、多くの成功をおさめている。

コルベール政策は、最初の国政主導型経済成長というべきであろう。道路、運河建設などの公共性のつよい事業をおこし、輸送、流通を拡大する。国内関税を撤廃するかたわら、輸

財政総監コルベール

入品には重い関税を課し、奢侈《しゃし》品《ひん》製造をうながして、輸出利益をたくわえる。国内の弱い産業にかんしては、関税上の保護のほか、投資による育成、発展をはかる。民間の小企業、工場を援助して、工業力を増大させる。政府みずから、王立工場をもうけて、産業化への刺激をあたえる。のちに、名声を博するフランス特産品は、これによって誕生したものが多い。セーヴルの陶磁器、ゴブランの絨《じゅう》緞《たん》織《おり》は、いずれもパリ郊外の王立工場でうまれ、また流行衣裳、香水なども奨励された。たちおくれた海外貿易のため、商社に財政援助をこころみた。

重商主義の道

こうしてイギリスとフランス両国は、べつべつの方式をとって、オランダの商業力に対抗しはじめる。経済基盤をかためたイギリスも、さしあたりは、オランダの支配から身をまもるために、国内産業の保護を旨とする国家的政策をとって、商業利益を国民化しようとする。ふつう「重商主義」の名でよばれる政策であるが、このような国際経済の状況を背景として、典型的にあらわれる。イギリスとフランスばかりか、スペインやドイツ諸領邦が、あいついでその重商主義の国家政策をとるようになる。古風な商業力にたよってきたオランダは、これら重商主義の流行に圧迫されて、ついにヨーロッパ国際経済の主導役から、しりぞくことになる。

イギリスとフランスが、前面にあらわれる。しかしそのときはもう、十八世紀の扉がひらいていた。

3　絶対主義国家へ

朕は国家なり

十六世紀のルネサンス国家は、一見すると、高度に専制化された国家であるようだが、じっさいには軟弱な足場しか、もっていなかった。しかし、十六世紀後半の内紛をどうにか収拾したのち、国家は急速に制度・組織として整備されてゆく。まずイギリスとフランス、ついでドイツ諸邦とロシアとが、あとをおった。一面では、スペインこそが、もっともはやくこの過程をたどったようにもみえるが、じっさいにはルネサンス国家が高度に実現しただけのことであり、本格的な国家装置をつくるのは、かえって十七、八世紀のことである。

こうしてうまれた国家を、ふつう絶対主義国家とよぶが、それはひとえに国王が絶対的権

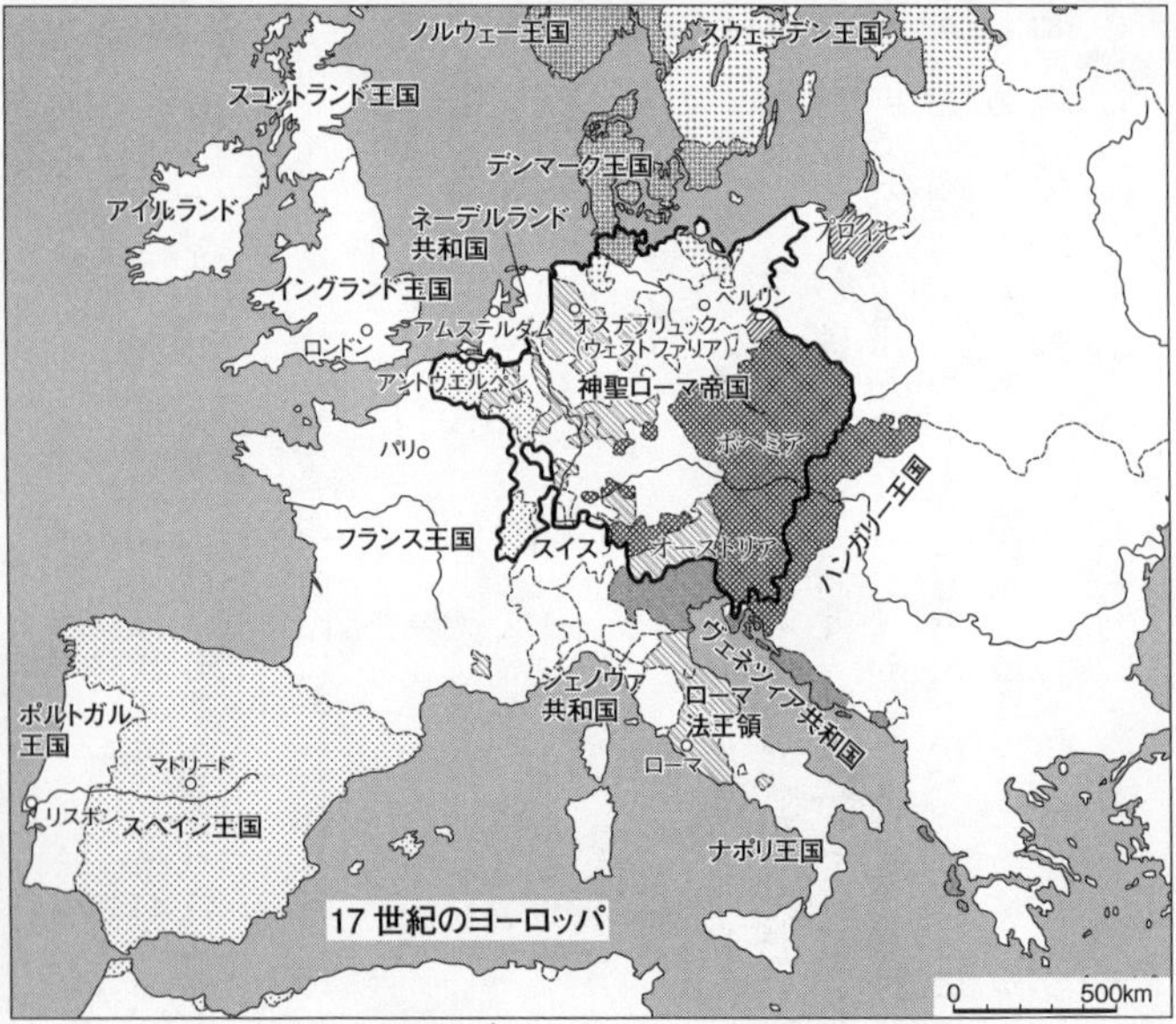

17 世紀のヨーロッパ

力をそなえている、という意味である。たしかに、いまあげた国々では、十七世紀に、王権はめざましい勢いで力をつけた。

豪勢な宮廷をしつらえ、貴族たちにかこまれて栄勢をほこった。これまで、王の権力を制限していた、さまざまな障害がのぞかれた。封建社会の高位貴族は、いまや王権に寄生するだけの古めかしい特権階層となっていた。十六世紀には、王権までもが抗争に身をしずめた、あの宗教とその聖職者とは、いまや国家のなかにねじふせられた。ルイ十四世の言葉としてつたえられる「朕は国家なり」とは、一般にどの国家についても、通用しうるようになる。

　このような国王の絶対権力がなりたちえたのには、さまざまな理由がある。ひとつには、封建社会のふるい仕組がゆるみながらも、広大な土地を所有する人々は、王権を後循《うしろだて》にして地位をまもりぬこうとした。あたらしい社会的力量をたくわえつつあるものも、さしあたり国家の保護をもとめ、ふるい体制や特権に身をすりよせようとした。そしてまた、社会の基底にあった直接生産者は、上昇をはたそうとする新興者の足蹴にされるのを避けるために、王権の慈悲ある庇護を期待した。

　こうした、社会全般に充満した保護と特権の要請にこたえて、国家は王に強大な権能をあたえたのである。階級や階層をこえて、期待がよこぎり、国家はいまようやく、国民を母体とした集合体、政治的な共同体として、意識されるようになる。国民に基礎をおいた国家。それゆえにこそ、王権は過去の封建制の足かせから自由となりえたのだ。

　けれども、そのことは国王にとって、危険をももたらす。期待にささえられたものは、いずれ過剰の期待によって圧死させられるか、または期待への対応不足によって、懲罰をうけることが、ありえよう。かつて、王権が失墜するのは、王権への志願者同士のあらそいに敗れたときに、かぎられていた。しかし、いまや、「国民」の動向に、危険をかぎわける必要がでてきた。王権がたおされることを憂慮する必要も。じっさい、イギリスで、ついでフランスでおきるであろう革命、ふつう市民革命とよばれるものは、すでに種子がまかれていたことになる。そうみれば、絶対主義国家の国王は、さほどに安全な独裁者ではないことになる。

国家、社団の網の目

さらにもうひとつ。国王の独裁は、あたかも軍隊の指令系統のように、すべての国民にたいして円滑に伝達されていたかのように、おもわれがちだが、これは違う。組織化されて、隔壁のなくなった風通しのよい国家は、まだはるかのちにしか、生まれない。絶対主義国家は、それとは逆に、社会の各所に房室を配して、それらを垂直方向に組みあげた複雑な組織であった。

もっとも規模の大きなものは、地方別に区分された房室である。イギリスでカウンティ、シャイア、フランスでプロヴァンスとよばれるような「地方」は、単一の王国にふくまれながらも自前の統治・管理機構をもち、治安や裁判をつかさどっている。それの運用は、その地の出身者によって、その地の利益のためにおこなわれる。王権から派遣される役人は、かれらと角のつきあいを演じる。

この「地方」の下には、県区、都市区があり、地理上の最小単位たる町、村にいたるまで、いずれもが、固有の意志決定機構と共同利益によって、団体を形成している。イギリスでのバラ、フランスのコミューンが、これにあたる。のちに、地方自治の単位として整備されてゆくはずの、こうした小団体は、王権による権利の蚕食《さんしょく》をこうむりつつも、不可侵の特権を固守して、国家を細分している。

こうした地理上の房室よりも、機能上の房室のほうが、つよい存在をほこっている。たと

荒廃する地方。ジャック・カロ《戦争の惨禍》から

えば、ギルド。かつて都市内から発生したギルドは、いまや職種の共同利益をなかだちとして、職人組合の姿をとり、市場での特権をもとめて、強大な団体となってゆく。

　家族が最小の房室であった。絶対主義国家の基盤とすらみなされる家族は、人々にとって社会的存在の随一の単位であって、国王の絶対権は比喩《ひゆ》的に、家長によって代行されていたのである。

　村落、キリスト教の教管区、商人や産業家の共同組織、そしてすでに姿をみせてきた、会社組織としての商社……。いずれもが、大小とりどりの特権を大切にまもって、王国の小部分たる房室に割拠している。

　絶対主義国家は、このように個々に、社会的な重みをもった団体が、重なりあい積みあがって、できあがっている。中間的団体とでもいえるこうした団体を、社団とよぶ。絶対主義の国家は、社団によって充満していると、考えることができる。社団原理（コーポラティズム）こそが、その国家のもっとも大きな指標であるといえる。

このようにみると、国王の絶対権力は、意外にも、社団という無数の房室にわけもたれているのであり、実質的には国王はフリーハンドの権力からはほど遠い、ということもできる。ルネサンス国王の独裁権が、あやうい基盤にたちつつも、自由な権力であったのにたいし、絶対主義では、確固たる機構をふくむがゆえに、不自由な独裁権力だった、ということになろう。

じっさい、十七世紀を機に各国にうまれた国家で、その首長たる国王の権力が、絶大であるかどうかは、副次的なことであった。絶大ともいえるし、実質的に制限されていたともいえるからである。むしろ大事なのは、国民国家というあらたな性格と、社団制とがむすびついた、国家の構成の特異さである。

だが、すぐさまこれにくわえて、もうひとつ、国家機構とその機能との斬新《ざんしん》さをあげるべきだろう。

堅固な機構にむけて

絶対主義国家は、その行政上の機構として、常備軍隊と官僚制度と租税制度を、実現した。これらは、従来、ほとんど不可能なものであったが。

封建制の奉仕義務にもとづく軍役と、金銭支払い条件にもとづく、プロフェショナルな傭《よう》兵隊《へいたい》とが、それまでの軍隊の中心をしめていた。地上軍ばかりか、艦隊すらも、商船守備隊として、戦闘に応じて、雇傭するものであった。十六世紀の壮絶な宗教戦争でも、帰趨《きすう》を左右したのは、傭兵隊の力量と作戦とであった。

しかし、十七世紀には、イギリスもフランスも、戦闘の中核に専門的な機構としての軍隊を、ふりあてるようになる。財政力によって維持され、国家目的に奉仕する軍隊。ほとんど日常的に、国家間の戦争の勃発《ぼっぱつ》にひんしていた絶対主義国家は、この常備された軍隊に命運を託すことになったのである。

名だたる戦略家があらわれた。フランスのルーヴォワ、ヴォーバン将軍のように、軍隊編制や武器や築城法を改良し、制服や等級を画定するものたち。国防は国家の要の地位をえることになった。

官僚制は、専任の官僚によってささえられる。社団原理で統治される地方行政にたいしても、国家は主要な役人を派遣する。治安や財政を管理するもの、財政上の投資を統括するもの、公的な土木事業を運営するもの、いずれも国家役人によって、あてられた。特権あるさまざまの貴族が、重要な場をしめていた司法領域をべつにすれば、すべてに専門的な行政官僚がふりあてられた。むろん、後世の官僚制のような能率を想像することは、つつしみたいが、ひとつの大画期をなしたことは、たしかだ。

フランスがコルベール総監のもとになしとげた財政上の経済誘導は、こうした官僚制によるものであるし、そのほかの国の重商主義も同様である。官僚は国政をささえたばかりか、みずからも社会的地位を安定させて、社会的な中枢地位に参入するようになる。医師、弁護士、学者などとともに、独特の中間層を形成してゆくことになろう。

租税制は、徐々にできあがってゆく。一般には、国王はその行政にあたって、みずからの直営領からの収入と、関税、市場税、取引税など、古来、固有に王のものと観念されてきた収入という、ふたつの財政基盤をもっていた。つまり、原則上は租税は存在しなかったのである。戦争などによる臨時出費は、負担者の同意による拠出によってまかなわれる。それが原則であった。議会とは、そのような王にとっての協議、協賛機関としての性格が、つよい。

十六世紀ころから、ようやく租税の観念がうまれ、国民共同の負担がとなえられ、人頭税(タイユ)の形式をとった課税が、ゆっくりと成立する。しかし、観念のうえからも、また実際の徴税運営のうえからも、多大な抵抗や困難にであい、実効的な制度となるまでには、ながい時間と手続とが、必要であった。

絶対主義国家

こうして生みだされた行政上の機構は、国王個人の絶対権力の存否と無関係に、絶対主義国家をささえてゆく。イギリスのように、十七世紀末までに、絶対権力の国王が追放されたところでも、その機構はうけつがれて、市民革命後の国民国家に収容されることになる。

以上にみてきたように、国民国家の原則と社団制と行政機構とは、相互にくみあって、絶対主義国家をささえている。その仕組は、ヨーロッパ諸国の重商主義や国際経済体制と、みあっている。オランダの商業支配に対抗し、これを凌駕《りょうが》しようとする国家群は、経済生産と流通ばかりか、軍事と外交のうえでも力量をたくわえてゆく。ちょうど十六世紀におけるルネサンス国家と国際商業システムの成立とがむすびついていたように、十七世紀では、絶対主義国家と、確立した重商主義――国際経済体制とが、たがいにささえあっている。時代は大きく、舞台を転回させたのである。

4　一六四八年――危機の十七世紀

一六一八　三十年戦争始まる
一六二八　イギリス議会、権利の請願
一六二九　イギリス、チャールズ一世、議会を解散
一六三〇　スウェーデン軍、新教側として三十年戦争に参加
一六三七　デカルト『方法叙説』
一六四〇　イギリス、短期議会・長期議会。ピューリタン勢力増大
　　　　　スペイン、カタロニアの乱
　　　　　ポルトガル、スペインへの併合終わる
一六四二　イギリス内乱開始。議会軍対王党軍

一六四八　レンブラント《夜警》
　　　　　イギリス議会、独立派の独裁
　　　　　ウェストファリア条約。三十年戦争終結
一六五二　フロンドの乱おこる
一六五三　第一回イギリス・オランダ戦争（〜五四）
一六五六　クロムウェル、護国卿となる
一六六〇　ベラスケス《宮廷の侍女たち》
一六六一　イギリス、王政復古
一六六五　ヴェルサイユ宮殿造営開始
一六七九　ニュートン、万有引力の法則
一六八八　イギリス、人身保護律
一七〇〇　イギリス名誉革命
一七〇一　スウェーデン・ロシア北方戦争（〜二一）
　　　　　スペイン継承戦争（〜一四）
　　　　　プロイセン王国成立

再び冷たい冬

繁栄の十六世紀といわれ、そして、危機の十七世紀といわれる。はなやかな国家と経済の喜劇が演じられた十六世紀についで、悲劇が十七世紀の舞台にのぼる。

すぐれた腕前の喜劇でデビューしたシェイクスピアが、十七世紀にはいったとたんに、本格的な運命悲劇に手をそめるようになるのは、偶然だろうか。そして、悲劇のあとには、陰《いん》鬱《うつ》で脱出口のない人間の暗迷路をかかえた、いわゆる「問題劇」を世におくる。ついには、『嵐』という謎めいた表題の作品を最後に、シェイクスピアは筆をおってしまう。その間に、女王エリザベス一世は世をさり、スコットランド王ジェームズが、イギリスの統治者として、迎えられていた。暗い嵐の予感が、十七世紀の冒頭にヨーロッパをおそっていた。

1665年のロンドンの疫病、死者の葬列

たしかに、平均気温の推計から、十七世紀にはいって、穀物生産量が下落したものと、かんがえられる。伝染病の蔓延《まんえん》も、報告されている。十六世紀いっぱい、ほとんど限界まで費消された経済財は、ついに臨界点をこえて、人間生活に負の影響をもたらしはじめた。人口、設備投資、物価、どれもが十六世紀のうちに、受忍限界をこえており、いつかかならず、手痛いゆりかえしをうけざるをえない、そのような崖縁に、達していたようにみえる。かつて、十四世紀の大破局のときにであった、あのマルサス・トラップの再現とみなすのも可能であろう。

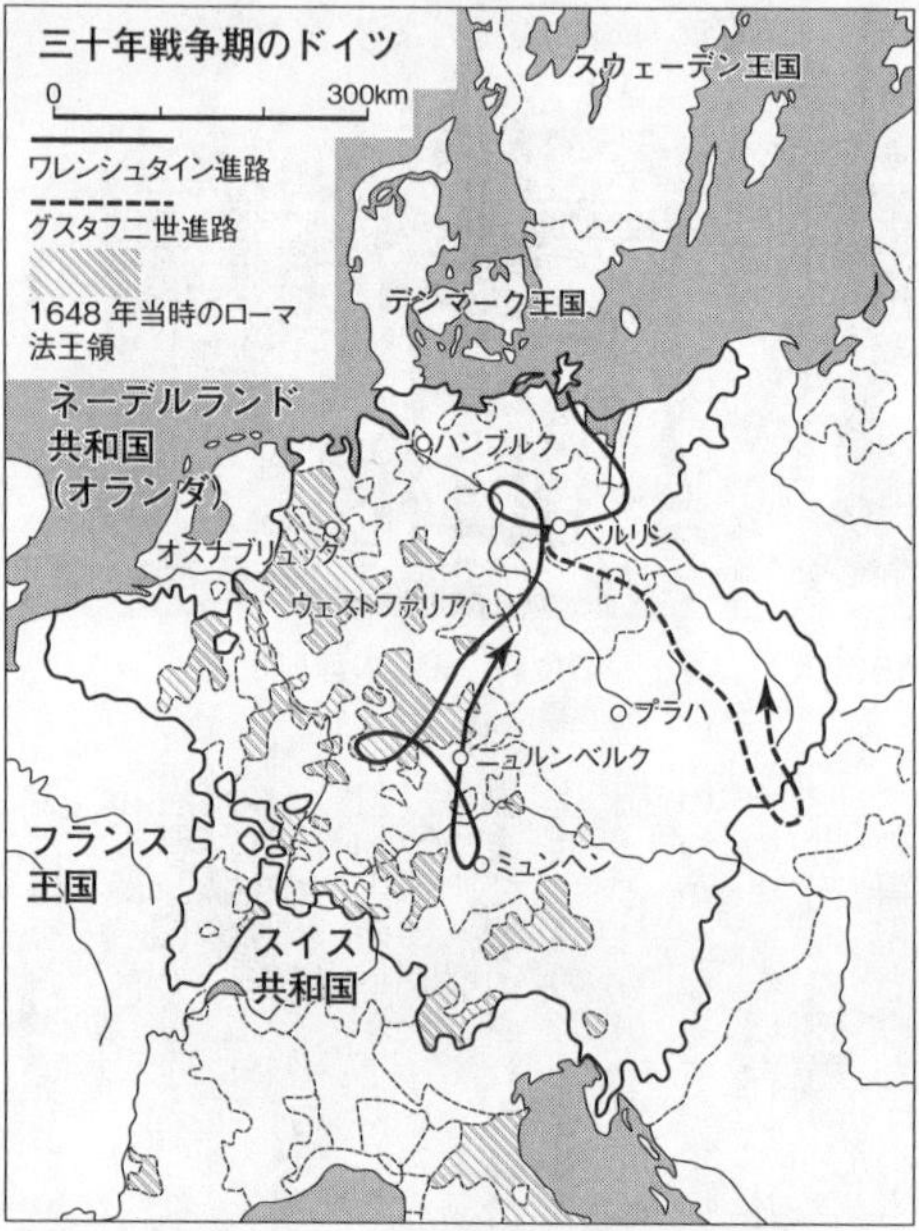

たんに寒くひもじい世紀であるばかりか、シェイクスピアが予感したように、十七世紀は、精神にも負担をしいる世紀であった。ロンドンで戯曲上演がぜいたくと風紀《ふうき》紊乱《びんらん》のゆえに禁止されたように、多くの抑圧と辛抱と冷たい下方修正が、ひろがっていった。もう、十六世紀の人々が享受した、果てのない快楽は禁じられる。ルネサンス国家や国際商業の開花から、絶対主義と重商主義への転換は、べつの言いかたをすれば、炎天の夏から冷厳の冬への移行でもあった。

生産力の全般的な低下と余剰人口の減耗、物価の停滞。余剰のとり分ではなく、負担の軽減をめぐっての利害抗争。高度成長から低成長への過渡にあたって、あらたな社会システムがもとめられていた。上昇の気配が濃厚な、イギリスやフランスですら、こうした負の新局面にたいする、新奇な対応策のあみだしによって、生きのびようとする。資源と労力の節減と合理化、浪費と過剰の断念をめざした、新体制があらわれでた。十七世紀は、そうした暗いモチーフがつらぬいている。その結果、新体制への再度の抵抗をもふくめて、陰鬱《いんうつ》な争闘が、世紀をおおうのは、やむをえないことであった。

なかでも、世紀のなかば、あらゆる暗影が二重、三重におりかさなって、時代をぬりあげるときがあった。一六四八年。

ペストの大破局から、ちょうど三〇〇年。この年の前後、ヨーロッパは、のろうべき争乱とその収拾のための修羅場に暮らしていた。一六四八年という一点で、ヨーロッパ史の断面図をつくろう。なにがあらわれてくるだろうか。

三十年戦争のドイツ

一六四八年。この年、ドイツのミュンスターとオスナブリュックという、ウェストファーレン地方の都市で、三十年戦争を終結させる条約がむすばれた。

あいまいな解決ですごしてきた宗教上の対立に端を発し、皇帝ハプスブルク家の内紛をさそいだした紛争は、すみやかにヨーロッパ諸国の干渉をまねいた。ドイツ諸邦はむろんのこと、デンマーク、スウェーデンのルター派宗教の北欧諸国、スペインとフランスのカトリック国、オランダをもまきこみ、ドイツを戦場として、きびしい消耗戦に発展した。もともと

テル・ボルフ《ウェストファリア条約の締結》

僅少な兵糧をもって始まったため、戦場での略奪がはげしく、ますますドイツの荒廃をうながした。英雄なき戦争はハプスブルク家の無能を証明し、また地上軍事力の両雄である旧教国スペインと、新教国スウェーデンの力を誇示させたとはいえ、どちらも絶対の優勢はたもてないことを、しめした。

一六四八年の条約は、史上最初の国際会議の産物といわれるが、いずれも勝利者を名乗れないという、手痛いいたみ分けの結論をだしただけであった。なによりも、ドイツの損害は甚大で、回復のために二世紀をも要するという深刻さであった。ドイツの復興への原動力は、この三十年戦争の惨害をうけることがすくなかった、北方と東方とからだけ、おこってくるであろ

ジャック・カロ《戦争の惨禍》から

う。

三十年戦争は、いずれの国もまだ絶対主義国家が未完成だった時代に、宗教騒動の決着という古めかしいテーマと、傭兵という前世紀の遺物を介在させた、無益な戦いであった。戦後に荒廃だけをうみ、あらたな政治秩序への芽ばえをうながさない、いかにも危機の世紀を代弁する、壮大で散文的な戦争として、あけくれたのだった。

フロンドが反乱する

一六四八年六月。パリで反乱がおこった。主役は、パリの高等法院に拠ってたつ、司法職をもつ法服の貴族や市民の党派であった。かれらは、古来、高等法院にみとめられている特権の削減政策について、王に抗議した。このとき、国王ルイ十四世は、いまだ一〇歳。宰相マザランは反徒の要求をはねつけ、逆にパリの封鎖を敢行する。反徒たちはさらに、王権による恣意税の撤廃、横暴な逮捕、禁圧の停止をもとめた。三十年戦争末期の外患におされて、政府はパリ反徒に妥協して、いったん戦闘はおさまった。

しかし、一六五〇年には、地方の貴族が国王にたいして蜂起し、第二次の騒乱が、また数年間、全土にひろまった。ここでも要求は、王権のかさにかかった誅求の廃止であった。成長した（なお、当時の「成人」とは、十三歳）ルイ十四世とその皇太后アンヌとは、こんどは軍事力による鎮圧をめざした。農民や都市の反政府暴動までをも相手として、強気の反攻がつらぬかれ、一六五三年、反徒のがわは四分五裂のまま、反乱は終結をむかえた。

前後二回にわたる大規模な反乱は、フロンドの乱とよばれる。急激なブルボン朝の絶対主義政策が、旧利益の侵害によっていらだつ人びとの抵抗をよびおこしたものであった。過度な変化が、反乱をうながし、フランスにあって、十六世紀末の宗教戦争の終結から一七八九年までの、ながい絶対主義時代での、ただ一度の内戦にまで発展したわけである。

しかし、原因が王権のがわの拙速にあったにせよ、この紛争はうしろ向きの雰囲気をただよわせていた。敗れた反乱軍はもとよりのこと、勝った王権にとっても、慶賀すべきことではなかった。フロンドの乱ののち、王権は安定した発展をみせるかにおもえるものの、国内の諸階層の微妙な均衡保持なしには、王権の安定もありえぬことを、おしえられたのである。フロンドの乱は絶対主義国家に冷水をかける、ひややかな反乱であった。

ピューリタン革命

一六四八年、イギリスは大内乱のさなかにあった。一六四二年、国王党派と議会党派との争乱が表面化していらい、じわじわと、王党派は退却気味となっていった。ことにオリバー・クロムウェルとピューリタン兵士が、議会側のリーダーシップをとってからは、一方的な勝負となり、議会内からも王党派は排除された。もうやがて、最終的な結論がひきだされるであろう。それが、一六四八年における内乱の現在図である。

翌四九年、議会派は国王チャールズ一世を有罪と宣して処刑し、ピューリタン道徳によって粛清をおこなって、クロムウェル独裁をうちたてた。ピューリタンとしての強烈な使命感にもえて、クロムウェルは旧制度を廃し、新興の市民富裕者に活動の自由をあたえた。当面の経済的敵手であるオランダ船を、イギリスの港から追放し、海戦をまじえるにいたった。

ピューリタン（イギリス）革命とよばれる内戦と変革である。イギリス史上、ただ一度だけ共和政をおこなった特異な政権は、クロムウェルの死の直後に、わずか一〇年のみじかい生命をおえた。王権は復活し、さしも強盛をほこったピューリタン理想は、ふたたび拒絶されて、再起することはなかった。けれども、この革命を支持し、前線でたたかい、政権によって保護されたのは、信仰をおなじくするもののほか、多数の新興市民でもあった。かれらは、旧王権の絶対主義を重荷と感じ、経済活動にとってより適合的な政治を、希求したのである。実質上、史上初の市民革命とよばれるのは、充分に理由のあるところである。革命政権そのものは失墜したにせよ、復活した王権はもはや旧式の王権を永続させることができず、世紀末の名誉革命をへて、十八世紀における、自由な市民社会の発展への眺望を、あざやかにさししめしたのである。

そのような、輝かしい役割を確認したとしても、しかしなお、ピューリタン革命そのものが、なにがしか重苦しい空気につつまれていることは、疑いがたい。新興の意気あがる産業家たちは、現世にたいする無限の絶望感にあふれている。演劇や楽曲を禁止し、奢侈《しゃし》をいましめ、社会制度上の徹底的な合理性を追求することによって、多数派（マジョリティ）を獲得した。その人間観や世界観は、十六世紀の祝祭をおえたあとの虚脱感に、みあっているのではなかろうか。逆説的にきこえるが、革命はそこでは、より適切な危機管理を要請するものであった。はなやかな未来を喧伝《けんでん》するものとは、はなはだしい距《へだた》りがあったように、おもわれる。

カタロニアの抵抗

一六四八年からすこし前、一六四〇年にカタロニアで反乱がおこった。カタロニアとはスペイン王国の東北の一隅、かつてアラゴン王国の中心をしめたのち、スペインに統合されていた。その統合から、すでに一五〇年。

見かけ上の繁栄がくずれて、「スペインの凋落《ちょうらく》」がはじまった十七世紀、ハプスブルク王権も、ようやくほかの国にならって、本来の絶対主義政策に没頭しはじめる。行政上の集権制や社団制の整備にむかう。

カタロニアの反乱は、その過程でおこった。王権は、それまで手つかずのまま放置されていた地方的特権や分権制の抑制に、のりだしていた。カタロニアはかつて地中海に雄飛しな

がら、イタリア都市とおなじく、十六世紀末を機として、大西洋貿易世界の制覇《せいは》のあおりをうけて、とりのこされるにいたった。歴史上の諸慣習への執着は、この段階では、ますますつよく主張されよう。特権剝奪《はくだつ》にたいするカタロニアの抵抗は、反乱に結集された。

マドリードは出兵し、カタロニアはバルセロナに拠って、地方政府（ジェネラリタト）の自立をうったえた。各地での戦闘ののち、王権はカタロニアの旧来の慣習特権を、追認した。カタロニアはスペイン王国内にとどまり、しかし王権によって冷遇されながらも、その自治的地位をまもりぬく。

その事件は、スペインの一角でお

きた、凡庸な騒動であるかにみえる。フロンドの乱が追いつめられた旧勢力の蜂起であるように、カタロニアも、集権制に反抗し、たくみに妥協をひきだしておわった、一挿話であるようにみえる。カタロニアという一地方にとっては、大事件であるにせよ、スペイン王国、ひいては全ヨーロッパにとっては、片隅の些事《さじ》でしかないかのようだ。

けれども、各国において着実に奏功しつつあるという集権制、もしくは地方的慣習や地方的文化の国民的統合の実質的なありかたを、実例にそくして評価する、好適な機会のひとつが、そこにあるようにも、おもわれる。というのも、絶対主義国家の強力な統合にもかかわらず、ヨーロッパ各国にあって、地方的な制度と文化は、後世まで根づよく保存され、極言すれば、現在まで健在だといえるからである。

民族的少数派（マイノリティ）であるカタロニアの場合は、もっとも典型的な事例であろう。カタロニア語という固有言語をもっているからである。スペイン王国内における、ナバラ地方（バスク人）と、ガリシア地方、あるいは、フランスのブルターニュ（ブルトン人）とガスコーニュ（バスク人）、あるいはイギリスのウェールズ、これらはみな同様の問題域に属している。

それればかりか、歴史的な事由から、統合国家にたいするつよい遠心性をたもつ、多数の地方のケースが、指摘される。絶対主義による集権的統合を論ずるときには、そのかたわらでカタロニアのような鮮明な反対証言を、同時に念頭におきたいものだ。

デカルト

知性も冷徹になる

一六四八年、亡命先のオランダで、哲学者デカルトは、死の二年前の晩年をすごしていた。『方法叙説』をあらわしてから一一年、そして遺稿となる『精神指導の規則』をかいていたはずである。

「われ思う、ゆえにわれあり」の、著名な理性主義哲学は、人間の思考からあいまいなものを切除し、明証しうるものだけで、合理的体系をえがこうとする立場を、あきらかにした。近代哲学の祖とよばれるように、デカルトは、人知をもって世界を整合的に説明しつくす方途を、きわめたのである。かれの哲学の基本をなす方法的懐疑や、心身二元論、機械論的世界観は、どれも、現実世界の猥雑《わいざつ》さをこそげおとして、シンプルで万人に理解されうる普遍性を、確定した。

人間理性をうたいあげたはずのルネサンス人は、かえってその絢爛《けんらん》たる現世の欲求のゆえに、いかにも祝祭的に雑駁《ざっぱく》であり、個性的でありすぎた。しかも、神秘と魔術にたいするあまりにも複雑な感受性のゆえに、世界は単純なメカニズムに還元されえなかった。時とともにうつろい、場とともに変幻する出来事性にとらわれていた。

ヴァチカンのサン・ピエトロ大聖堂

ルネサンスの知性は、デカルトによって、はじめて克服されたのである。明澄なかれの知性は、瞬間的な偶発性を排除し、人間にとって永遠に合理的なものだけを、もとめたのである。このことは、しばらくのちにイギリスにあらわれたニュートンの宇宙観にも、そのまま妥当する。ニュートンも、力学法則から、いっさいのわずらわしいローカルな規則をとりのぞき、幾何学的正確さで、全宇宙を等一の原理で説明しようとしたのである。

デカルトとニュートンの理論は、そのご数世紀間、人知の指導原理として君臨しているが、その誕生の事情にかんしていえば、まさしく十七世紀の環境を体している。ルネサンスの豊饒《ほうじょう》と個性とが放棄され、それにとってかわって、簡明な合理性と普遍的明証が要請された十七世紀。知の余剰にかわって、エネルギーの節減が、未知への熱望よりは、既知による現在の救済が優先された時代。その要請を、デカルトとニュートンは天才的ひらめきでうけとり、あの説得的な体系に仕上げたのである。危機の十七世紀にこそ、もっともふさわしい大事業だったと、いうべきであろう。そのようにかんがえるならば、十七世紀をかざった建築、美術様式であるバロックも、どこか、時代の風貌《ふうぼう》をやどしているかにみえる。過剰な装飾と演劇的な演出、巨大さと運動。あたかも、富と権勢を代弁するかにおもわれるバロックには、それにもかかわらず、一種の空虚さがみなぎっている。強大にして専横を表現する王権が、そうであるように、バロックには中空にそびえた不安定な荘厳のおもむきがある。内部の稠密《ちゅうみつ》なルネサンス芸術にくらべれば、バロックは中味が虚《うつろ》で、重心のさだまらない、危うげな美学を、よりどころとしているからだ。

危機を克服するために、あえて壮大な過剰をもって存在を強調しようとしたバロックが、はからずも、時代の苦悩を表現している。この空虚の感情こそ、デカルトをして、あらゆるものを疑わしめ、ついには「思うわれ」のみを実在だと悟らせた、時代の精神の凝集点だったのであろうか。

危機のかなたを眺望する

十七世紀という危機の世紀の中央点にあって、一六四八年は、ほとんど暗淵の真底部にしずんでいるかにみえる。だが、ちょうど三〇〇年まえ、黒死病がヨーロッパをうちのめしたときにくらべると、事情はがらりと変化していた。それは端的にいって、絶対主義とか、国際経済システムとか、合理主義哲学や科学革命とか、のかたちをとった制度が、準備されていたからである。

それらの制度は、ある意味では、繁栄の十六世紀の遺産のうえに、そのまま架設されたといってもよい。また、それらこそが、十七世紀の危機の本質だといえる側面がある。絶対主義国家がこころみる収奪や戦争は、危機を深刻にするからである。

しかしまた、それらは危機のゆえに、危機に対抗して、あみだされたものでもあった。強大な国家機構と、植民地経営をふくむ国際経済、そして世界への知的認識とは、危機を克服するための足がかりであった。

十七世紀がおわりをつげるころ、イギリスでは名誉革命というセレモニーで、長い争乱には決着がつけられ、ゆるやかな発展の時代がむかえられる。フランスでは、ルイ十四世の晩年までに、紛糾はおさまり、十八世紀冒頭のスペイン継承戦争は、フランス国家の安定した伸張を証明することになろう。曙光《しょこう》がさしはじめた。危機をのりきった国々は、それぞれのやりかたで、「近代」とよばれる時代にむかって、足をふみだしてゆく。

おわりに――持続する文明

一体化する世界史

大航海によって、ヨーロッパ諸国があいついで世界の海にのりだしていらい、海外に植民地がつくられた。商人の往来と、銀の流通、香料や茶、コーヒー、織物の輸出入や、奴隷の売買など、世界の各地は経済的に直接むすびつけられた。アメリカ大陸や南アジアのように、ヨーロッパ人の植民によって政治体系を一変させられたところも、また中国や日本のように間接的ながら政治変化がうながされたところもある。ヨーロッパ人の進出は、世界史を一体化させる。いずれの地域もいまや、世界史の流れから孤立して、存在することはできなくなっていった。日本のように鎖国した島国ですらそうである。

世界史の一体化は、即刻、実現したわけではなかった。十七世紀にはいまだ途上にあり、つぎの十八世紀にもまだ進行中であった。しかし、大きな一歩がすでに踏みだされていることだけは、たしかだった。ヨーロッパの暗い森のなかから頭をもたげてきたひとつの文明が、いまその生誕の空間をこえて、地球上の各地に、自信ありげな姿をあらわしている。ヨーロッパという固有の文明の形成をおいかけてきた筆は、ここらで終止符をうつべきであろう。もはや、ヨーロッパ史もまた、ヨーロッパだけから説きあかすことが、できなくなっているから。

再び森と石のなかで

そのような臨界の地点にたって、もういちどヨーロッパ文明をふりかえってみる。かつて新石器時代のあるころ、あつい森のかたわらに巨石建造物がそそりたっていた。そのとき以来、民族の種差はありながら、ともあれその環境を人間的体験に編入しつつ、ヨーロッパ人はこぞって文明を造営してきた。森は伐採されながらも、ヨーロッパ人の霊魂をとどめ、石は建造物として、ヨーロッパ人の身体を収容した。何千年の時空のなかで、ヨーロッパ人は森と石という環境世界を人間化してきたのである。

いま十七世紀。さしも隆盛をほこった森は退却した。ついにはヨーロッパ平原から、ほぼ姿をけすことになろう。しかし、ヨーロッパ人は森と絶縁したのではない。森を伐《き》ったかれらは、ふたたび森を造成しはじめる。都市のただなかの庭園に、やがては公園と郊外に、鬱《うっ》蒼《そう》たる森をつくる。かれらは、森なしでは生きられないのである。精神をとどめ、魂の不安な暗部を憩わせる森。文明の虚空と死とを収容する森。狼や野兎とおなじく、森には人間が退避する。そうした森は、あたらしい時代においてこそ、意識的に強調されて、ヨーロッパ文明の中核にすえおかれてゆく。

かつて石は、記念物でもあり、また道具でもあった。ある時代に人々は、石を溶解して、銅と錫と鉄とを抽出した。道具としての石は、効用ある強固な素材となって、器具、器械にまでしたてあげられる。また、石はつみあげられる部品として、都市をつくり、建物をたてる。森の木材と、地の石材とは、あいむすびついて、文明に舞台や屋根を提供する。そのことは、十七世紀でもなお、一変だにしない。森と石は、ヨーロッパ文明の素材であり、環境世界の要点である。

むろん、歴史の経過は、森と石の姿をかえ、役割を転じさせた。太古からの原生林にかわって造林があらわれ、森にたいして託されていた思念は、森よりはむしろ田園一般に、解消されてゆく。原野に放置されていた石は、いまや都市に集積され、石が不足すれば土をもって代替させることまで、おこなわれた。運河やダムや干拓地は、そうした作業の結果である。森と石との対比と統合にまさって、明示的な言葉としての、田園と都市との対比と統合のほうが、より説得的になったとはいえ、なお文明内における文脈関係においては、おなじロジックを付与され、承継されていることになろう。新石器時代から十七世紀までの、気のとおくなるような長大な時間を、ひとつの文明の展開として語ってきたのは、そのためである。

しかし、ヨーロッパ人がみずからの営みによって世界史を一体化させはじめたとき、かのヨーロッパ文明もまた、大きな転回点にたっていたのではあるまいか。道具と建材として人間化されてきた石は、やがてまもなく、鋼鉄とコンクリートとガラスに姿をかえるであろう。道具はいずれ、機械と工場とに座をゆずるはずである。森はといえば、燃料としての地位を失い、石炭と石油と水力のエネルギーに従属する。鬱蒼とした避難場たる森は、いずれはスポーツ・レクリエーションの場にかわってゆく。

ふつう産業革命とか近代社会とかよばれるものの出現が、文明の様相を一変させるのは、間近だ。その大変容が、十七世紀のいまでは、目前にせまっている。数千年にわたって蓄積された文明の力量が、いまや成年に達している。後発の文明として出発したヨーロッパが、ようやく、潜在的能力を全開させて、世界史の舞台に全姿を出現させたのである。ヨーロッパという文明の出現をかたってきた筆を、ここでおくことにしたい。

付録

年表・参考文献・地図

ヨーロッパの出現・年表

西暦	政治・経済	文化・社会	日本
前八〇〇〇〜六〇〇〇頃	旧石器時代終わり、中石器時代へ		
三〇〇〇〜二〇〇〇頃	新石器時代へ		
一七〇〇〜一五〇〇頃	青銅器時代へ		
八〇〇頃	鉄器時代へ。ハルシュタット文化の成立		
四五〇頃	後期鉄器時代へ。ラ・テーヌ文化の成立		
三八七	ケルト人のローマ市襲撃		
一七五頃	ローマ、ケルト人を北イタリアから排除		
一三〇頃	ローマ、南ガリアへ進出		
五八	カイサルのガリア遠征始まる		
五〇	ローマの全ガリア制圧。ヒスパニア、ブリタニア、ゲルマニアへも進出。ラ・テーヌ文化終わる		
四六	ウェルキンゲトリクス処刑		
四四	カイサル暗殺		
後三七五	西ゴート族、ドナウを渡る		三九一　朝鮮へ出兵
四一八	西ゴート族、南西ガリアに建国	四二六　アウグスティヌス『神の国』	
四二九	ヴァンダル族、北アフリカに建国		
四五一	フン王アッチラの侵入	四九〇頃　テオドリク法典	

四八一	クローヴィス、フランク王となる
四九三	テオドリク、イタリア王となる
五二九	ベネディクト修道院の創設
五六八	ランゴバルド族、イタリアに建国
七一一	イベリア半島、イスラム教徒の支配下に
七三二	トゥール・ポアティエ間の戦い
七五一	ピピン、フランク王となりカロリング朝を創始
七六八	カール（シャルルマーニュ）、フランク王（～八一四）
八〇〇	カール、皇帝に戴冠される
八四三	フランク王国三分
八五〇頃	ノルマン人の西ヨーロッパ侵入始まる
八九〇頃	マジャール人、東ヨーロッパを脅かす
九一〇	クリュニー修道院設立
九一一	ノルマン人、ノルマンディーに定着
九六二	ザクセン朝国王オットー、皇帝戴冠
九八七	フランス、カペー朝の成立
一〇一六	デーン王クヌート、イングランドを統合
一〇二〇頃	ノルマン人、南イタリアに侵入
一〇三三	西ヨーロッパの飢饉。このころ、神の平和運動盛ん
一〇五四	ローマ・カトリックとギリシア正教、完全分離
一〇六六	ノルマンディー公ウィリアム、イングランドを征服、王ウィリアム一世（～八七）となる
一〇七〇頃	セルジューク・トルコ、西アジアに進出
一〇七一	南イタリア・シチリアにノルマン公国成立

五二三	ボエティウス『哲学の慰め』
五二六	ラヴェンナ、サン・ヴィターレ教会
五八〇頃	トゥールのグレゴリウス『フランク人の歴史』
六〇四	ランゴバルド法典
八〇〇頃	カロリング・ルネサンス盛ん ケルズ本成立
一〇六〇頃	『ローランの歌』成立

五三八頃	仏教の伝来
六四五	大化の改新
六七二	壬申の乱
七〇一	大宝律令なる
七一〇	平城京に遷都
七九四	平安京に遷都
八九四	遣唐使の廃止
九六九	安和の変
一〇一七	藤原道長、太政大臣となる
一〇五一	前九年の役

一〇七六	聖職叙任権争議、始まる
一〇七七頃	ドイツ皇帝ハインリヒ四世、法王と争う
一〇八五	キリスト教徒、スペイン、トレドを奪回
一〇九五	クレルモン公会議、十字軍の勧請
一〇九六	第一回十字軍出発
一〇九八	シトー派修道会創立
一〇九九	イェルサレム陥落
一一〇〇頃	ドイツの東方植民始まる 以降、フランスなどにコミューン都市生まれる
一一一八頃	十字軍騎士団、相次ぎ創設
一一二二	ウォルムスの協約。叙任権争議決着
一一三〇頃	シチリア王ルジェロ二世（〜五四）、全盛期
一一三七	アラゴン・カタロニアの連合王国
一一五四	ヘンリ二世（〜八九）、イングランドにプランタジネット朝を始める
一一六〇頃	ロンバルディア都市同盟成立
一一八〇	フランス王フィリップ二世（〜一二二三）、王権を強化
一一八九	第三回十字軍、英・仏・独の国王が参加
一一九〇	ドイツ皇帝フリードリヒ一世、帝国の栄光を誇る
一一九八	法王インノケンティウス三世（〜一二一六）、法王権の絶頂

一一三〇頃	アベラール、パリに開講
一一四〇頃	ゴシック様式
一一六三	パリ、ノートル・ダム大聖堂着工
一一九四	シャルトル大聖堂再建

一〇八三	後三年の役
一〇八六	白河上皇、院政を始める
一一五六	保元の乱
一一五九	平治の乱
一一八五	壇ノ浦の戦い。平家滅ぶ
一一九二	源頼朝、征夷大将軍となる

一二〇〇頃	地中海貿易におけるヴェネツィア、ジェノヴァの勢力争い強まる
一二〇四	第四回十字軍、コンスタンティノープルを占領
一二〇八	異端カタリ（アルビジョワ）派への十字軍
一二〇九	フランチェスコ修道会創設
一二一三	イングランド王ジョン、法王に屈服
一二一五	マグナ・カルタ
	ドイツ皇帝フリードリヒ二世（一二五〇没）、最後の栄光（〜五〇）
一二二六	フランス王ルイ九世（一二七〇没）、王権の伸張（〜七〇）
一二三〇	カスティリャ・レオン両王国の連合
一二四〇頃	ハンザ都市同盟確立
	スペイン、アンダルシアの再征服進行
一二五四	ドイツ、シュタウフェン朝断絶。大空位時代（〜七三）
一二六五	イングランド、議会の成立
一二八五	フランス王フィリップ四世（〜一三一四）、法王と争う
一二九四	法王ボニファティウス八世、フランスと争う（〜一三〇三）
一二九五	マルコ・ポーロ、中国から帰る
一三〇〇頃	地中海航海革命の達成
一三〇二	フランス全国三部会召集

一二〇〇頃	ボローニャ、パリ、オックスフォード等の大学成立
一二三五	『バラ物語』前編
一二六五	トマス・アクィナス『神学大全』
一二六六	ロジャー・ベーコン『大著作』
一二九七	ジョットー《聖フランチェスコ伝》
一二九八	マルコ・ポーロ『東方見聞録』
一三〇〇頃	羅針盤の実用化
一三〇四	ダンテ『神曲』執筆開始

一二二一	承久の乱
一二三二	貞永式目制定
一二七四	文永の役
一二八一	弘安の役

一三〇九	法王庁アヴィニョン移転
一三一四	全ヨーロッパの不作（〜一六）
一三二八	フランス、カペー朝断絶
一三三九	百年戦争開始
一三四七	第一回黒死病大流行（〜五〇）
一三五六	神聖ローマ帝国カール四世、金印勅書で混乱を収拾
一三五八	フランス、ジャクリーの乱
一三七八	教会の大分裂。ローマとアヴィニョン対立（〜一四一七）
	フィレンツェ、チョンピの乱
一三八一	ウィクリフの登場
	イングランド、ワット・タイラーの乱
一三九七	カルマル同盟。デンマーク・ノルウェー・スウェーデン三国連合
一四一四	コンスタンツ公会議（〜一八）
一四三四	コジモ・デ・メディチ、フィレンツェ統領に
一四五三	ビザンツ帝国崩壊
一四五五	バラ戦争（〜八五）
一四六九	ロレンツォ・デ・メディチ、フィレンツェ統領に
一四七七	ネーデルランド、ハプスブルク家領に
一四七九	アラゴン・カスティリャ両王国統合。スペイン王国成立
一四八五	イングランド、テューダー朝始まる

一三三八頃	ロレンツェッティ《善き政治の結果》
一三五〇頃	火薬の発明
一三五三頃	ボッカチオ『デカメロン』
一三八六	ミラノ大聖堂起工
一三八八頃	チョーサー『カンタベリー物語』
一四三四	フィレンツェ大聖堂完成
一四五〇頃	グーテンベルク、活版印刷を開始
一四六二	「プラトン・アカデミー」創設
一四七八頃	ボッティチェリ《春》
一四八〇	ボッティチェリ《ヴィーナスの誕生》

一三三三	鎌倉幕府滅ぶ
一三三四	建武の中興
一三三八	足利尊氏、室町幕府を開く
一三五八	足利尊氏没
一三九二	南北朝の合一なる
一四〇一	第一回遣明船
一四〇四	勘合貿易始まる
一四六七	応仁の乱（〜七七）
一四八五	山城国一揆

一四九二	コロンブス、アメリカ大陸到達
一四九四	サヴォナローラ、政権につく（〜九八）。フランス軍、イタリアに侵入。イタリア戦争開始
一四九五	ドイツ皇帝マクシミリアンの帝国改造
一四九八	ヴァスコ・ダ・ガマ、インド航路を発見
一四九九	フランス軍、再度イタリアに侵入
一五一七	ルターの九五ヵ条質問状
一五一九	カール五世、皇帝となる。スペイン王としてハプスブルク朝を始める
一五二一	ウォルムス国会、ルターを帝国追放
一五二三	ツヴィングリ、チューリヒで改革を開始
一五二四	ドイツ農民戦争
一五二五	ミュンツァー処刑
一五二七	ドイツ兵などのローマの劫奪
一五二九	オスマン・トルコ軍、第一次ウィーン包囲
一五三〇	アウクスブルク国会。新教徒結束
一五三四	イングランド、ヘンリ八世の宗教改革。ローマと断縁
	イエズス会結成
一五四一	カルヴァン、ジュネーヴで神政政治を開始
一五四五	トリエント公会議（〜六三）
一五四六	新旧両派のシュマルカルデン戦争
一五五四	イングランド女王メアリ一世、カトリックに復帰
一五五五	アウクスブルク宗教和議

一四九七	ダ・ヴィンチ《最後の晩餐》
一五〇三	ダ・ヴィンチ《モナ・リザ》
一五〇四	ミケランジェロ《ダヴィデ像》
一五〇六	ローマ、サン・ピエトロ大聖堂建設開始
一五〇九	ラファエロ《ヴァティカン宮壁画》
	エラスムス『愚神礼讃』
一五一三頃	マキァヴェリ『君主論』
一五一六	トマス・モア『ユートピア』
一五二〇	ルター『キリスト者の自由』
一五二六	デューラー《四人の使徒》
一五三二	ラブレー『パンタグリュエル物語』
一五三五	トマス・モア処刑
一五三六	カルヴァン『キリスト教綱要』
一五四三	コペルニクス『天体の回転について』

一四八八	加賀一向一揆
一五四三	鉄砲の伝来
一五四九	ザビエル来日。キリスト教伝来

一五五九	エリザベス一世、統一令で国教会再建
一五六二	フランス、ユグノー戦争始まる（〜九八）
一五六八	オランダの独立戦争始まる
一五七一	レパントの海戦
一五八〇	スペイン・ポルトガル合同（〜一六四〇）
一五八八	スペイン無敵艦隊敗れる
一五八九	フランス、ブルボン朝始まる
一五九八	ナントの勅令。新教徒に信仰の自由
一六〇〇	イギリス、東インド会社設立
一六〇二	オランダ、東インド会社設立
一六〇三	イギリス、ステュアート朝始まる
一六〇四	フランス、東インド会社設立
一六〇九	オランダ、独立を達成
一六一〇	ルイ十三世即位（〜四三）
一六一八	三十年戦争始まる プロイセン・ブランデンブルクの合併
一六二八	イギリス議会、権利の請願
一六二九	イギリス、チャールズ一世、議会を解散
一六三〇	スウェーデン軍、新教側として三十年戦争に参加
一六四〇	イギリス、短期議会・長期議会。ピューリタン勢力増大 スペイン、カタロニアの乱 ポルトガル、スペインへの併合終わる
一六四二	イギリス内乱開始。議会軍対王党軍

一五八〇	モンテーニュ『随想録』
一五八六	エル・グレコ《オルガス伯の埋葬》
一六〇二	シェイクスピア『ハムレット』
一六〇五	フランシス・ベーコン『学問の進歩』 セルバンテス『ドン・キホーテ』
一六〇九	グロティウス『海洋自由論』
一六一一	シェイクスピア『嵐』
一六三五	リシュリュー、アカデミー創立 コルネイユ『ル・シッド』
一六三七	デカルト『方法叙説』
一六四二	レンブラント《夜警》

一五六〇	桶狭間の戦い
一五七五	長篠の戦い
一五八二	本能寺の変
一五九〇	秀吉の全国統一なる
一五九二	文禄の役
一五九七	慶長の役
一六〇〇	関ケ原の戦い
一六〇三	家康、征夷大将軍となる。江戸幕府開く
一六一四	大坂冬の陣
一六一五	大坂夏の陣。豊臣氏滅ぶ
一六二九	武家諸法度改定
一六三七	島原の乱
一六三九	鎖国令

一六四三	ルイ十四世即位（〜一七一五）
一六四八	イギリス議会、独立派の独裁 ウェストファリア条約。三十年戦争終結 フロンドの乱おこる
一六四九	イギリス、共和制樹立
一六五一	イギリスの航海条例、オランダを圧迫
一六五二	第一回イギリス・オランダ戦争（〜五四）
一六五三	クロムウェル、護国卿となる
一六六〇	イギリス、王政復古
一六六一	コルベール、財政総監になる
一六六四	第二回イギリス・オランダ戦争。イギリス、ニューヨークを獲得
一六六七	フランス、ネーデルランドに侵入
一六七九	イギリス、人身保護律
一六八三	オスマン・トルコ軍、第二次ウィーン包囲
一六八五	ルイ十四世、ナントの勅令廃止
一六八八	イギリス、名誉革命
一六八九	ウィリアム三世即位（〜一七〇二）
一七〇〇	スウェーデン・ロシア北方戦争（〜二一）
一七〇一	スペイン継承戦争（〜一四） プロイセン王国成立

一六五一	ホッブズ『リヴァイアサン』
一六五六	ベラスケス《宮廷の侍女たち》
一六六一	ヴェルサイユ宮殿造営開始
一六六八	モリエール『守銭奴』
一六六九	パスカル『パンセ』
一六七五	スピノザ『エティカ』
一六九〇	ロック『市民政府二論』、『人間悟性論』

一六五一	慶安の変
一六七三	分地制限令
一六八七	生類憐れみの令
一六九八	柳沢吉保、老中筆頭となる

参考文献

第一章　太古の大陸にて

『メガリス――西欧の巨石墓』G・ダニエル　近藤義郎、中山俊紀訳　学生社　一九七六
『ケルト人』G・ヘルム　関楠生訳　河出書房新社　一九七九

第二章　建設と破壊

『ヨーロッパ世界の誕生』H・ピレンヌ　中村宏、佐々木克巳訳　創文社　一九六〇
『ヨーロッパとは何か』増田四郎　岩波新書　一九六七
『ヨーロッパの形成』H・ヘルビック　石川武、成瀬治訳　岩波書店　一九七〇
『シャルルマーニュの時代』J・ブウサール　井上泰男訳　平凡社　一九七三
『蛮族の侵入――ゲルマン大移動時代』P・リシェ　久野浩訳　文庫クセジュ　白水社　一九七四
『古代から中世へ』H・ピレンヌ他　佐々木克巳編訳　創文社　一九七五
『ヴァイキング』F・デュラン　久野浩、日置雅子訳　文庫クセジュ　白水社　一九八〇
『北の農民ヴァイキング』熊野聰　平凡社　一九八三

第三章　改新の世紀

『西洋中世世界の崩壊』堀米庸三　岩波全書　一九五八
『フランス農村史の基本性格』M・ブロック　河野健二、飯沼二郎訳　創文社　一九五九
『騎士道』P・ド・クランシャン　川村克己、新倉俊一訳　文庫クセジュ　白水社　一九六三
『転換期の歴史』G・バラクラフ　前川貞次郎、兼岩正夫訳　社会思想社　一九六四
『正統と異端』堀米庸三　中公新書　一九六四
『封建制度』F・ガンスホーフ　森岡敬一郎訳　慶応通信　一九六八
『歴史の発見――新しい世界史像の提唱』木村尚三郎　中公新書　一九六八
『中世に生きる人々』E・パウア　三好洋子訳　東京大学出版会　一九六九
『フランス文化史（全三巻）』G・デュビィ、R・マンドルー　前川貞次郎他訳　人文書院　一九六九、七〇
『都市』増田四郎　筑摩書房　一九六八
『ジャンヌ・ダルク』A・ボシュア　新倉俊一訳　文庫クセジュ　白水社　一九六九
『中世都市』H・ピレンヌ　佐々木克巳訳　創文社　一九七〇
『イタリアの都市国家』D・ウェーリー　森田鉄郎訳　平凡社　一九七一
『中世の秋』J・ホイジンガ　堀越孝一訳　中央公論社　一九七一
『修道院』今野国雄　近藤出版社　一九七二
『叙任権闘争』A・フリシュ　野口洋二訳　創文社　一九七二
『中世の都市コムーネ』N・オットカール　清水廣一郎、佐藤真典訳　創文社　一九七二
『封建社会（1、2）』M・ブロック　新村猛、森岡敬一郎、大高順雄、神沢栄三訳　みすず書房　一九七三、七七

『ハーメルンの笛吹き男――伝説とその世界』阿部謹也　平凡社　一九七四
『中世の刻印――西欧的伝統の基盤』J・B・モラル　城戸毅訳　岩波新書　一九七二
『中世異端史』H・グルントマン　今野国雄訳　創文社　一九七四
『十字軍――その非神話化』橋口倫介　岩波新書　一九七四
『死の舞踏』木間瀬精三　中公新書　一九七四
『ヨーロッパの都市と生活』増田四郎　筑摩書房　一九七五
『ジャンヌ＝ダルク』堀越孝一　清水書院　一九七五
『西欧社会と市民の起源』井上泰男　近藤出版社　一九七六
『西欧精神の探究――革新の十二世紀』堀米庸三編　日本放送出版協会　一九七六
『中世を旅する人びと』阿部謹也　平凡社　一九七八
『キリスト教史I――宗教改革以前』半田元夫、今野國雄　山川出版社　一九七七
『中世の形成』R・W・サザーン　森岡敬一郎、池上忠弘訳　みすず書房　一九七八
『中世の産業革命』J・ギャンペル　坂本賢三訳　岩波書店　一九七八
『都市の語る世界の歴史』井上泰男　そしえて文庫　一九七八
『新しいヨーロッパ像の試み――中世における東欧と西欧』G・バラクロウ編　木村尚三郎解説
宮島直機訳　刀水書房　一九七九
『西洋中世世界の発展』今野国雄　岩波全書　一九七九
『ヴェネツィア』W・H・マクニール　清水廣一郎訳　岩波書店　一九七九
『中世の大学』J・ヴェルジェ　大高順雄訳　みすず書房　一九七九
『ヨーロッパとイスラム世界』R・W・サザーン　鈴木利章訳　岩波書店　一九八〇

『ハンザ同盟』高橋理　教育社　一九八〇
『海の都の物語（正、続）』塩野七生　中央公論社　一九八〇、八一
『マグナ・カルタの世紀』城戸毅　東京大学出版会　一九八〇
『十字軍』橋口倫介　教育社、一九八〇
『中世の風景（上、下）』阿部謹也、網野善彦、石井進、樺山紘一　中公新書　一九八一
『中世の窓から』阿部謹也　朝日新聞社　一九八一
『中世への旅（Ⅰ〜Ⅲ）』H・プレティヒャ　平尾浩三、関楠生訳　白水社　一九八二
『中世イタリア商人の世界――ルネサンス前夜の年代記』清水廣一郎　平凡社　一九八二
『騎士――その理想と現実』J・M・ファン・ウィンター　佐藤牧夫、渡部治雄訳　東京書籍　一九八二
『アーサー王伝説』R・キャヴェンディッシュ　高市順一郎訳　晶文社　一九八三

第四章　精神と生活の範型

『宗教と資本主義の興隆――歴史的研究（上、下）』R・H・トーニー　出口勇蔵、越智武臣訳　岩波文庫　一九五六、五九
『イタリア・ルネサンスの文化』J・ブルクハルト　柴田治三郎訳　中央公論社　一九六六
『ルネサンス期イタリア社会』森田鉄郎　吉川弘文館　一九六七
『ピューリタン――近代化の精神構造』大木英夫　中公新書　一九六八
『宗教戦争』J・リヴェ　二宮宏之、関根素子訳　文庫クセジュ　白水社　一九六八
『ドイツ農民戦争――一五二四〜二六年』M・ベンジンク、S・ホイヤー　瀬原義生訳　未来社

一九六九
『魔女狩り』森島恒雄　岩波新書　一九七〇
『レオナルド・ダ・ヴィンチ』西村貞二　清水書院　一九七一
『ルターとカルヴァン』富本健輔　清水書院　一九七二
『ルネサンスの偉大と頽廃』清水純一　岩波新書　一九七二
『ルネサンスの哲学』H・ヴェドリーヌ　二宮敬、白井泰隆訳　文庫クセジュ　白水社　一九七二
『宗教改革の時代――一五一七〜五九』G・R・エルトン　越智武臣訳　みすず書房　一九七三
『幻想の天国――ルネサンス文化の本質』木間瀬精三　中公新書　一九七五
『キリスト教史II――宗教改革以後』半田元夫、今野國雄　山川出版社　一九七七
『ルネサンスの思想』P・O・クリステラー　渡辺守道訳　東京大学出版会　一九七七
『魔女（上、下）』J・ミシュレ　篠田浩一郎訳　現代思潮社　一九七七
『魔女の社会史』浜林正夫　未来社　一九七八
『ルネッサンス夜話――近代の黎明に生きた人びと』高階秀爾　平凡社　一九七九
『フランス・ルネサンスの人々』渡辺一夫　白水社　一九七九
『ルネサンス周航』樺山紘一　青土社　一九七九
『シェイクスピア時代』高橋康也、樺山紘一　中公新書、一九七九
『ルターと宗教改革』成瀬治　誠文堂新光社　一九八〇
『フランス・ルネサンスの文明――人間と社会の基本像』L・フェーヴル　二宮敬訳　創文社　一九八一
『ヨーロッパの森から』谷口幸男、福嶋正純、福居和彦　日本放送出版協会　一九八一

『魔女とシャリヴァリ』ショーニュ他　二宮宏之他編訳　新評論　一九八二
『ルネサンスの歴史（上、下）』モンタネッリ、ジェルヴァーゾ　藤沢道郎訳　中央公論社　一九八一

第五章　成人に達した文明

『イギリス革命――一六四〇年』C・ヒル編　田村秀夫訳　創文社　一九五六
『ジェントリの勃興』R・H・トーニー　浜林正夫訳　未来社　一九五七
『ルイ14世』千葉治男　清水書院　一九七一
『オランダ共和国』C・ウィルスン　堀越孝一訳　平凡社　一九七一
『イギリス市民革命史（増補版）』浜林正夫　未来社　一九七一
『クロムウェル』今井宏　清水書院　一九七二
『イギリス革命――歴史的風土』田村秀夫　中央大学出版部　一九七三
『スペイン――歴史的省察』J・ビセンス・ビーベス　小林一宏訳　岩波書店　一九七五
『十七世紀危機論争』H・トレヴァ＝ローパー他　今井宏編訳　創文社　一九七五
『スペイン――歴史と文化』H・カメン　丹羽光男訳　東海大学出版会　一九八三
『イングランド革命――一六八八～八九』G・M・トレヴェリアン　松村赳訳　みすず書房　一九七八
『新しい歴史』E・ル・ロワ・ラデュリ　樺山紘一他訳　新評論　一九八〇
『近代世界システム（I・II）』I・ウォーラーステイン　川北稔訳　岩波書店　一九八一
『エリザベス1世』植村雅彦　教育社　一九八一

『イギリス名誉革命史（増補版　上、下）』浜林正夫　未来社　一九八一、八三
『物質文明・経済・資本主義（全六巻）』F・ブローデル　村上光彦他訳　みすず書房　一九八五〜九九

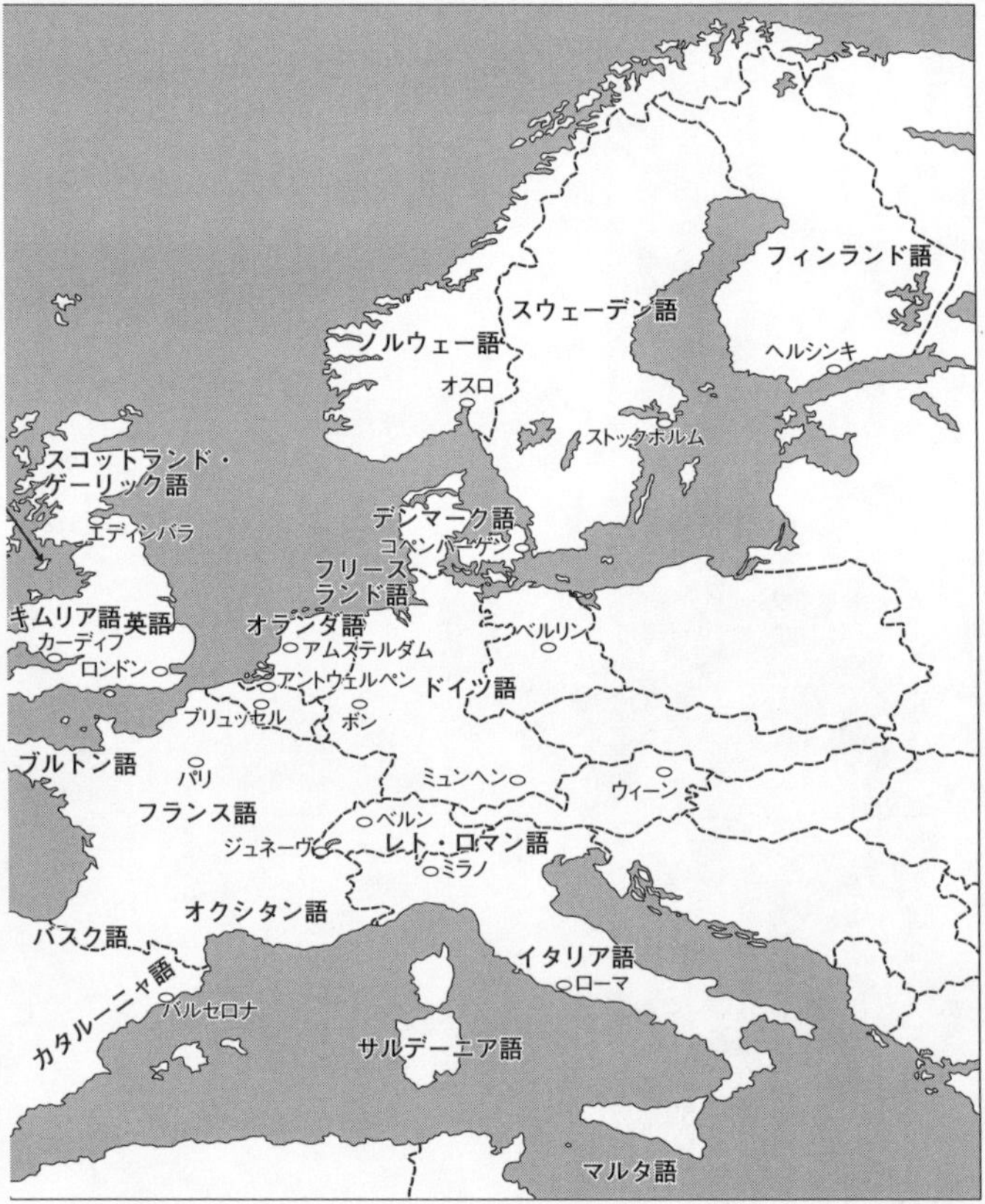

フィンランド語
スウェーデン語
ノルウェー語
ヘルシンキ
オスロ
ストックホルム
スコットランド・
ゲーリック語
デンマーク語
エディンバラ
コペンハーゲン
フリース
ランド語
キムリア語
英語
オランダ語
ベルリン
カーディフ
アムステルダム
ロンドン
アントウェルペン
ドイツ語
ブリュッセル
ボン
ブルトン語
パリ
ミュンヘン
ウィーン
フランス語
ベルン
ジュネーヴ
レト・ロマン語
ミラノ
オクシタン語
バスク語
イタリア語
カタルーニャ語
ローマ
バルセロナ
サルデーニア語
マルタ語

ヨーロッパの主要言語分布

ヨーロッパには、東西のヨーロッパをふくめると60種余の言語が存在するとされる。右図はそのうち、本書があつかう地域にかぎり、主要なものをかかげている。少数言語のうち省略したもののほか、ユダヤ人のイディシュ語、ロマ語など、言語圏として平面で表現しにくいものは、図に加えられていない。

これら表示されたヨーロッパ諸言語のほとんどは、系統上は3つのグループに分けられる。下表の3グループは、大きくはインド・ヨーロッパ語族に属している。これにたいして、アジア系言語とみなされるフィンランド語と、系統不詳のバスク語、それにアラビア語の一方言であるマルタ語の3種が、その語族をはずれている。

言語は形成や分出、消滅などの変化にしたがっており、分布図も一時的な姿をあらわしているにすぎない。この姿が紀元1000年や1500年の過去にあてはまるわけではない。

しかし、その分布は偶然的なものではなく、歴史的な経過を背景にもっている。ラテン、ゲルマン、ケルトの3言語グループの存在、また国民国家内における少数言語の地位、あるいは、公用語としての複数言語使用（ベルギー、スイス、スペイン）の問題などは、いずれもヨーロッパ史の縮図とでもいえる。

（なお、分布圏、言語呼称については、ほぼ、田中克彦、H・ハールマン『現代ヨーロッパの言語』《1985年、岩波新書》にもとづいて、作成、決定した）

1. ラテン系諸語　イタリア語　サルデーニア語　カタルーニャ語　カスティリャ語　ガリシア語　ポルトガル語　オクシタン語　フランス語　レト・ロマン語
2. ゲルマン系諸語　ドイツ語　英語　オランダ語　フリースランド語　スウェーデン語　デンマーク語　ノルウェー語　アイスランド語
3. ケルト系諸語　ブルトン語　キムリア語　スコットランド・ゲーリック語　マンクス・ゲーリック語　アイルランド語

KODANSHA

本書の原本は、一九八五年に『〈ビジュアル版〉世界の歴史』第七巻として小社から刊行されました。本文の内容に沿って、図版を改訂しました。